QUEREM ACABAR COMIGO

Copyright © 2021 **Tito Guedes**
Direção editorial: **Bruno Thys e Luiz André Alzer**
Capa e projeto gráfico: **Bruno Drummond | Bloco Narrativo**
Revisão: **Luciana Barros**

Dados Internacionais de Catalogação na Publicação (CIP)
(eDOC BRASIL, Belo Horizonte/MG)

G924q   Guedes, Tito.
       Querem acabar comigo: da Jovem Guarda ao trono, a trajetória de Roberto Carlos na visão da crítica musical /Tito Guedes. — Rio de Janeiro, RJ: Máquina de Livros, 2021.
       144 p. : 14 x 21 cm

       Inclui bibliografia
       ISBN 978-65-86339-07-9

       1. Carlos, Roberto, 1941-. 2. Música popular brasileira. 3. Jovem Guarda. I. Título.

       CDD 784.50981

Grafia atualizada segundo o Acordo Ortográfico da Língua Portuguesa de 1990, em vigor no Brasil desde 2009

1ª edição, 2021

Todos os direitos reservados à Editora Máquina de Livros LTDA
Rua Francisco Serrador 90 / 902, Centro, Rio de Janeiro/RJ – CEP 20031-060
www.maquinadelivros.com.br
contato@maquinadelivros.com.br

Nenhuma parte dessa obra pode ser reproduzida, em qualquer meio físico ou eletrônico, sem a autorização da editora.

Tito Guedes

QUEREM ACABAR COMIGO

★★★★★

máquina de livros

Às minhas avós Lia (in memoriam) e Lucy.

"Não há nada mais Z do que um públco classe A."
Caetano Veloso
★★★

ÍNDICE

11 PREFÁCIO
Arthur Dapieve

14 APRESENTAÇÃO

17 CAPÍTULO 1: OS ANOS 60
"Me chamam lobo mau, eu sou o tal"

37 CAPÍTULO 2: A TROPICÁLIA E 'AQUELA CANÇÃO DO ROBERTO'
"Daqui pra frente tudo vai ser diferente"

57 CAPÍTULO 3: OS ANOS 70
"Noutras palavras sou muito romântico"

81 CAPÍTULO 4: O REINADO DOS ANOS 80
"Eu sou aquele amante à moda antiga"

95 CAPÍTULO 5: OS ANOS 90
"Eu voltei, agora pra ficar"

121 CAPÍTULO 6: O NOVO MILÊNIO
"Não adianta nem tentar me esquecer"

139 AGRADECIMENTOS

140 BIBLIOGRAFIA

A CRÍTICA DA CRÍTICA, PELA JOVEM GUARDA

★★★

ARTHUR DAPIEVE

O virtual desaparecimento da crítica musical no debate público se deve a dois dramas nos quais ela interpreta o infeliz marisco: a crise da indústria fonográfica e a crise da imprensa em papel. Ambas perderam uma centralidade comum, arrastando a figura daquele jornalista – por diploma ou prática – que ajuda a informar e a moldar a opinião da fatia que lhe cabe no público, em torno de número relativamente limitado de trabalhos. Grandes gravadoras e jornais ou revistas chancelavam os artistas. No caso da imprensa, reconhecendo-lhes alguma importância mesmo em textos de teor negativo.

Isto não significa, é óbvio, que a crítica tenha morrido. Ela sobrevive não apenas nas publicações e nos jornalistas sobreviventes, ainda que ambos tenham visto diminuir o seu papel – com trocadilho, por favor – com a explosão da música nas mídias digitais. Aliás, ela sobrevive justo numa galáxia de sites e blogs, individuais ou colaborativos. Sobrevive, também, na área acadêmica. Porque sobrevive a ânsia por uma mediação entre a música e os seus públicos. Jovens seguem escrevendo sobre a arte que amam. Tal certeza é solidificada ao se tomar conhecimento do trabalho de Tito Guedes: *Querem acabar comigo – Da Jovem Guarda ao trono, a trajetória de Roberto Carlos na visão da crítica musical*. Sua publicação, por uma editora não universitária, permite derrubar muros aos quais infeliz e frequentemente a produção acadêmica se vê confinada. Para isso, porém, é necessário não apenas ter o olhar rigoroso que se espera da universidade, mas também a fluidez de uma linguagem mais coloquial, que se comunique para além dos *campi*. Apesar da juventude, Guedes pratica a crítica também em público, escrevendo para o site IMMuB.

O autor apresentou uma versão deste *Querem acabar comigo* como trabalho de conclusão no curso de Estudos de Mídia na Universidade Federal Fluminense. Nomear o curso é importante para entender o subtítulo *Da Jovem Guarda ao trono, a trajetória de Roberto Carlos na visão da crítica musical*. Ou seja, o objeto de Guedes não é tanto a carreira do cantor e compositor consagrado na Jovem Guarda – embora, naturalmente, ela seja indiretamente historiada a cada linha – e sim o modo como os jornalistas especializados a comentaram. Logo, Guedes empreende uma crítica da crítica. Não em termos pessoais, frisa, não aos críticos, mas aos textos que eles produziram em seis décadas de carreira de Roberto Carlos, textos nos quais o personagem pôde oscilar entre os pólos do bom e do mau gosto, ou, como já se escreveu, entre a música "classe A" e a música "tipo fotonovela".

Claro que nem artistas nem jornalistas se banham duas vezes no mesmo rio: estilos musicais mudam, ainda que pouco, bem como mudam também as tendências críticas. Embora, como aponta um dos colegas entrevistados pelo autor, o veterano Mauro Ferreira, revisões da crítica especializada em torno de um artista ou álbum sejam um fenômeno historicamente recorrente. Com o mais popular músico na história do Brasil não haveria de ser diferente. Roberto Carlos nunca saiu da berlinda.

Tão importante quanto relacionar o artista e os críticos, a obra de Guedes os insere em seus tempos. Surgem o embate inicial entre a Jovem Guarda e a MPB – favor jamais confundir a sigla com a totalidade da música popular brasileira – em meados dos anos 1960; a intercessão da Tropicália no processo de apaziguamento; as concessões que Roberto fez à aceitação alheia e ao próprio amadurecimento, passando de líder de uma tal juventude transviada a ícone da canção romântica de meia-idade. Toda essa coreografia está presente, e de forma igualmente muito bem definida e escrita, neste que é, faço fé, apenas e tão somente o primeiro trabalho publicado de Tito Guedes.

APRESENTAÇÃO

★★★

Este livro foi feito originalmente como um trabalho de conclusão de curso da graduação em Estudos de Mídia, na Universidade Federal Fluminense (UFF), sob orientação do professor Marildo Nercolini, em dezembro de 2019. O objetivo era analisar a relação de Roberto Carlos com a crítica musical de veículos importantes, a partir da constatação de que o discurso dos críticos diante da obra do Rei se transformou ao longo do tempo. Tais mudanças revelam uma série de complexidades não só sobre o ofício da imprensa especializada no Brasil, mas da carreira de Roberto Carlos e sua relação com outros artistas e movimentos culturais.

É importante ressaltar que as discussões levantadas aqui não dizem respeito aos críticos pessoalmente, mas à forma como se posicionaram. As trajetórias profissionais de cada um e suas inegáveis contribuições à cultura brasileira não estão em jogo, e sim os textos produzidos para jornais e revistas de prestígio do Rio de Janeiro e de São Paulo.

Querem acabar comigo é, portanto, uma versão revisada e ampliada do trabalho acadêmico, incluindo episódios sobre os anos mais recentes da carreira de Roberto Carlos, já que a pesquisa original se limitou ao período de 1965 a 1994.

E, claro, não tenho a pretensão de esgotar o assunto. Trata-se de um olhar sobre um recorte específico da trajetória de um dos maiores nomes da música brasileira. Novos desdobramentos sobre o tema são importantes e muito bem-vindos.

Tito Guedes

ROBERTO CA[RLOS]
Ás do volante
"A 300 km po[r ...]"

A NECESSIDADE de "mudar" de imagem cinematográfica já andava nos planos de Roberto Carlos há algum tempo. Quem também pensava como ele era o diretor Roberto Farias, com quem Roberto alcançou dois tremendos sucessos de bilheteria, a[...]

dos filmes [...]
de Aventura [...]
Diamante C[...]
nidade sur[...]
300 [...]

O GLOBO ☆ 25-11-71 — 5.ª-feira ☆ Página 7

iê-iê-iê
A segunda parte de 'O melhor da jovem guarda'

MARCUS VERAS

É o fino da bagaceira. O melhor da jovem guarda (volumes 4, 5 e 6), lançado pela Sony (os três primeiros volumes são do ano passado), cabe em todos aqueles chavões pós-$pielberg: de volta para o passado, era doce a minha juventude, por aí afora. Para não mergulhar nessa manjada máquina do tempo e acabar derramando lágrimas sentidas, o melhor é ouvir a coletânea com a mente aberta e a orelha ereta. Décadas depois, já dá para perceber porque Roberto Carlos ficou o Rei, tantos outros desapareceram. O Rei cantou muito bem, e, assessorado pelo parceiro Erasmo Carlos, produziu algumas canções imortais em sua brejeirice. *Namoradinha de um amigo meu* é um hino à caretice amorosa, mas quem resiste aos seus versos simplórios? Surgiu na época até uma versão *feminina*: "Estou amando adoidado/ o melhor amigo do meu namorado..." Wanderléia bem que se esforçava, mas cantar mesmo que é bom, *nevas d[...]*

pitoreiras. Marinha, o *queixinho* de Mi[...] (será que o apelido vinha dos incon[...]táveis furos de acne?), só era suportável com muito boa vontade. Já Elizabeth (quem era?) Por onde andará?) mostra excelente voz apesar da incensurável *Sou louca por você*. Para não falar do *fake Trini Lopez*, uma cópia tão descarada do Trini Lopez que não chegou a fazer sequer uma versão para *La bamba*, cantava o iê-iê num espanhol macarrônico. E Wanderley Cardoso (*Doce de coco*) e Jerry Adriani (*Quem não quer*?), versão para *Noir c'est noir*, do chutíssimo "Elvis Presley francês", Johnny Halliday) ia ter que perdoar, mas o fato é que a praia deles jamais foi o iê-iê-iê. Apenas tiravam partido da onda que estava dando o maior pé.

Além *do Rei*, quem brilha mesmo na coleção são os conjuntos; fazem bonito The Jet Blacks (aqueles do "vem, menina do chapéu vermelho" com direito a uivos do lobo mau). The Sunshines (O *último trem*) e Renato e seus Blue Caps, com várias versões dos Beatles e até do *short-livré* The Monkees. Robert Livi ataca num *Parabéns*, *queridu* que não dá para aturar nem em festa de 15 anos em Santana do Maragogipe. No meio de tanta pop-brejeirice, o tremendão Erasmo mostra que é do ramo, pois "para ler fos-fom", trabalhou, trabalhou" (*O ca[...]ranga*) mesmo quando "os peixes não queriam cooperar" (*A pescaria*) e manteve intacta a sua "fama de mau" (*Mi[...]nha fama de mau*). Para quem acha que nada disso tem valor, um lembrete: os baianos, que jamais foram preconceituosos, fincaram um dos pés da Tropicália neste reino da guitarra elétrica.

[...]DA DO BEIJO

Wanderléia, Wanderley e Jerry Adriani: a esforçada e os dois intrusos do movimento que mexeu os quadris dos anos 60

Beijo de Jã é inocente e circu[...]
rótas só operam em grupos, [...]
sivo depois, embora guarde[...]
cícios platônicos. E o que [...]
Carlos, atualmente tão a[...]
rota, há oito anos atrás[...]
frustrado para Assunção, [...]
tes referiu-se à "Portaria do J[...]
nifestações físicas de fãs, em pr[...]
bailes de carnaval, mas não é contra a[...]
ção da autoridade, por julgá-la razoável. Se[...]
lhambeque enguiçou em Lorena, quando vinha de [...]
São Paulo, e o artista acabou perdendo o avião para [...]
Paraguai, onde se exibiria em companhia de amigos, [...]
tado; passará o carnaval em companhia de amigos, [...]

[...]ltor dificilmente
um car[...]
composi[...]

das, nada de cair na ten[...]
aos que investem contra [...]
de sua obra. Esse Robert[...]
positor/melodor não é um [...]
a cada ano achata mais [...]
tamanha importância p[...]
que é o Roberto Carlos e[...]
dupla Roberto & Erasm[...]
embaralhadas e trocad[...]
que nenhuma diferença [...]

Há procedimento [...]
lhantes, há a procura d[...]

OS ANOS 60

"ME CHAMAM LOBO MAU, EU SOU O TAL"

Em qualquer entrevista com músicos e artistas uma das perguntas mais comuns é: "Como você lida com as críticas?". Se hoje essa indagação costuma se referir aos comentários de fãs ou *haters* nas redes sociais, até bem pouco tempo atrás ela estava associada às resenhas e análises de especialistas publicadas nos grandes jornais ou revistas de circulação nacional. Desde que o mercado fonográfico brasileiro se consolidou, ali pelos anos 50, a crítica musical se tornou uma etapa importante da cadeia de produção artística. Era dela o poder de legitimar ou desqualificar determinado trabalho.

Da mesma forma como há os críticos implacáveis (e temidos), os equilibrados e os simpáticos, existem artistas que respeitam a crítica e também os que buscam ironizá-la. Os cadernos e as editorias de cultura sempre acompanharam de perto nomes como Tom Jobim e Chico Buarque, na maioria das vezes aplaudindo e compreendendo sua produção. Outros, como Waldick Soriano e Reginaldo Rossi, eram ignorados ou fortemente reprovados por esses mesmos veículos.

Há também reavaliações posteriores, sobretudo em torno de discos. Um exemplo clássico é *Cantar*, álbum de Gal Costa desprezado em 1974, quando foi lançado, e hoje celebrado como um de seus trabalhos mais importantes e emblemáticos. Inúmeros artistas viveram situações assim. Um disco ou um show que inicialmente causou polêmica e estranheza foi aplaudido mais tarde e tratado como obra-prima, comprovando o caráter "à frente do seu tempo". Nesse sentido, o caso de Roberto Carlos talvez seja um dos mais complexos. Ao longo de sua extensa carreira, a crítica oscilou e atualizou com frequência o discurso sobre sua obra, rechaçando e depois redimindo não apenas um disco, mas uma fase inteira de sua trajetória. Em momentos distintos, já foi chamado de oportunista, acomodado, comercial, repetitivo, açucarado, redundante, ultrapassado, insignificante, apelativo, ruim, talentoso, rei, cantor excepcional, grande compositor, mestre, receptor de mensagens ocultas, decifrador do inconsciente coletivo, genial e por aí vai. Às vezes, alguns desses adjetivos positivos e negativos se misturavam em uma mesma análise sobre um novo trabalho.

Por isso, revisitar as críticas a Roberto Carlos é entender também os meandros da forma com que ele conduziu sua carreira, como se relacionou com outros movimentos musicais de sua época e como estes influenciaram sua produção. Nos textos publicados anualmente sobre os álbuns que lançava, há material para discussões que extrapolam o nível da música popular e revelam complexidades sobre o jornalismo, a indústria cultural, as diferenças sociais no Brasil e como tudo isso se intercalava na tentativa de explicar se *Café da manhã* era ou não uma boa canção.

Em alguns momentos a crítica parecia querer acabar com Roberto Carlos, como ele reclamou em sua composição de 1966, que dá nome a este livro. Em outros, ela o colocou no trono insubstituível de "Rei". Essa relação ambígua começa a se formar nos anos 1960, responsáveis por momentos significativos na música brasileira. Os festivais, o movimento da Tropicália, a Jovem Guarda e a internacionalização da bossa nova foram alguns dos acontecimentos mais importantes da década. É também o período de emersão de Roberto Carlos ao sucesso popular e sua entrada definitiva na história da MPB.

Nascido em 19 de abril de 1941 em Cachoeiro de Itapemirim, no Espírito Santo, Roberto se interessou por música desde cedo. Aos 15 anos, mudou-se para a casa de uma tia, em Niterói, em busca de uma chance nas rádios do Rio de Janeiro, então a maior vitrine de promoção e veiculação nacional. Foi nessa época que se viu atraído pela nascente cultura rock'n'roll e integrou o conjunto The Sputniks, liderado pelo também iniciante Tião Maia – mais tarde conhecido no Brasil todo como Tim Maia. Em 1958, apadrinhado pelo produtor Carlos Imperial, fez o show de abertura de Bill Haley no Maracanãzinho, já em carreira solo. Um ano depois, influenciado pelo movimento da Bossa Nova, passou a cantar em boates imitando João Gilberto, um dos criadores do novo gênero.

Em meados de 1959, também pelas mãos de Carlos Imperial, lançou pela Polydor seu primeiro disco: um compacto de 78 rotações com as músicas *Fora do tom* (composição de Imperial) e *João e Maria* (parceria dos dois). As duas faixas reverberavam a influência de João Gilberto, mas o disco não vendeu nem chamou atenção da imprensa, levando a Polydor a demitir de seu *cast* o jovem cantor.

Em 1961, finalmente lançou pela Columbia o primeiro LP de sua carreira, *Louco por você*. De repertório eclético, foi outro fracasso de vendas, que culminou, mais uma vez, na sua demissão da gravadora. Depois de um período se apresentando em circos e boates, Roberto conseguiu um novo contrato, desta vez com a CBS, pela qual gravou em 1963 seu segundo álbum, apenas com seu nome no título, que ficou conhecido como *Splish splash*. O disco marcou a volta do cantor ao estilo do rock e registrou a primeira parceria com Erasmo Carlos, *Parei na contramão*. Com essa música, Roberto ganhou notoriedade e passou a ser tocado nas rádios. Sucessos subsequentes, como *É proibido fumar*, *Não quero ver você triste* e *O calhambeque*, serviram para lhe dar cada vez mais visibilidade, até que em 1965 foi contratado para comandar o programa *Jovem Guarda*, ao lado de Erasmo e Wanderléa. A atração da TV Record o lançou definitivamente ao estrelato e o consolidou como fenômeno de consumo de massa.

Foi justamente nesse período, com o início do programa e o sucesso da música *Quero que vá tudo pro inferno*, que a crítica especializada começou a prestar atenção em Roberto Carlos. Entre 1965 e 1969, essa relação alternou altos e baixos, em função das mudanças operadas pelo próprio cantor em sua carreira e pela forma com que era visto por outros personagens de relevância na música brasileira.

* * *

Mas, afinal, o que é a crítica musical? Como definir o trabalho do crítico? De acordo com o pesquisador Marildo Nercolini no ensaio "Bossa Nova como régua e compasso: apontamentos sobre a crítica musical no Brasil", trata-se de "uma construção narrativa, feita por um sujeito que coloca em jogo uma leitura interpretativa a partir de pressupostos valorativos, sobre os quais baseia seu ofício".

No texto "As dimensões da crítica", o filósofo e ensaísta Gerd Bornheim afirma que ela surge com as mudanças na própria maneira de se fazer arte. Mais especificamente a partir de sua "dessacralização". Segundo o autor, quando a arte deixa de ser uma criação divina e passa a ser um objeto elaborado por um sujeito, isto é, o artista, ela perde seu fundamento, seu objetivo de existência, que antes costumava se limitar às representações religiosas. Bornheim aponta para o caráter explicativo da crítica cultural, que, de acordo com sua visão, nasce para esclarecer os novos propósitos da arte, atendendo a uma necessidade de comunicação entre o artista e o público.

Diante desta questão, o jornalista Mauro Ferreira, que já trabalhou nos jornais *O Globo* e *O Dia* e atualmente escreve para o portal G1, afirmou em entrevista a este livro que o crítico musical é quem tem legitimidade para conceituar um disco e dar status a determinado artista.

É possível pensar na resposta de Mauro em conjunto com alguns conceitos desenvolvidos pelo sociólogo francês Pierre Bourdieu sobre as formas de capital. Segundo o autor, além do capital econômico, há também o capital cultural (que seriam os conhecimentos e os bens culturais adquiridos por um indivíduo através de sua educação formal e familiar) e o capital social (série de conexões estabelecidas por um sujeito no meio em que vive), que lhe conferem certa quantidade de poder simbólico e que, eventualmente, se convertem em capital econômico. Pensando na figura de um crítico musical, ele seria um profissional que acumula suficiente capital cultural (conhecimentos específicos sobre música, além de bens como CDs, DVDs, livros) e domina os códigos necessários para decifrá-los. Assim, ele é capaz de adquirir capital social simbólico em determinado grupo.

Em outras palavras, um crítico cultural seria alguém culto e bem relacionado, que consegue obter destaque em seu meio e ter o "poder" e a "legitimidade" para conceituar determinado artista.

No prefácio para a *Coleção Revista de Música*, da Funarte, o crítico Tárik de Souza comenta que ainda no início do século XX já havia publicações voltadas para a análise da música popular brasileira, como o

Jornal de Modinhas, de 1908, ou a *Revista Musical*, de 1923. No entanto, é a partir da Era do Rádio, na década de 1930, que a reflexão em torno das obras produzidas se desenvolve com maior repercussão.

Em meados dos anos 1960, quando Roberto Carlos se tornou sucesso nacional, a crítica no Brasil já se encontrava em um momento de considerável prestígio e relevância, com especialistas publicando textos em jornais e revistas de grande circulação, como *O Globo*, *Jornal do Brasil*, *O Estado de S. Paulo*, *Folha de S. Paulo*, *Manchete* e *Veja*.

* * *

"*Querem acabar comigo/ Nem eu mesmo sei por que*". Assim dizia Roberto Carlos nos versos iniciais de *Querem acabar comigo*, terceira faixa do disco lançado em dezembro de 1966. Nessa época, apesar de viver um momento de grande popularidade na carreira, o cantor sofria uma severa oposição de setores ligados à intelectualidade, entre eles a crítica musical. Pouco antes, em 18 de março de 1965, o colunista Sérgio Augusto, em texto publicado no *Jornal do Brasil*, já definia Roberto como "um debiloide de pouco mais de vinte anos que se diz 'homem mau' e ficou conhecido graças a um barulhento calhambeque".

Outro crítico do *Jornal do Brasil*, o jornalista Fausto Wolff, ao analisar em 14 de janeiro de 1966 os programas de TV destinados à chamada "música jovem", descreveu o intérprete do então recém-lançado hit *Quero que vá tudo pro inferno* da seguinte forma:

> *Houve mesmo um rapaz que vi abrir a boca durante alguns minutos na última segunda-feira (Roberto Carlos, com o cabelinho cuidadosamente despenteado sobre a testa) sem entender uma só das palavras pronunciadas. É preciso dizer, porém, que a gurizada ao meu lado delirava.*

Estas duas análises fazem parte de críticas elaboradas sobre o cenário musical da época, sem um enfoque específico em Roberto Carlos. Nesse momento inicial a obra do cantor não merecia uma atenção especial dos jornalistas. Seus discos ainda não ganhavam críticas aprofundadas, já que ele era encarado pela imprensa especializada como parte de um movimento sem valor cultural e estético. Esta visão negativa, vale ressaltar, tem relação direta com o panorama musical do país daquele período, marcado entre 1965 e 1967 pela forte oposição entre as canções da Jovem Guarda, com seu "iê-iê-iê", e as da chamada Música Popular Brasileira.

O programa *Jovem Guarda* estreou na TV Record em 22 de agosto de 1965. Naquele ano, a emissora havia perdido os direitos de exibição dos jogos de futebol e ficara com um buraco em sua grade nas tardes de domingo. A solução encontrada por Paulinho Machado de Carvalho, dono da Record, foi contratar a empresa Magaldi, Maia & Prosperi para criar um programa musical ao vivo – formato bem popular à época – voltado para os jovens. Para comandar a atração, a direção convidou três artistas que estavam em momento de ascensão na carreira: Wanderléa, Erasmo Carlos e Roberto Carlos.

Desde 1963 Roberto vinha emplacando hits nas paradas musicais: *Parei na contramão* (1963), *Splish splash*, versão de Erasmo para a música original em inglês de Bobby Darin e Jean Murray (1963), *É proibido fumar* (1964), *O calhambeque* (1964) e *Não quero ver você triste* (1965). Eram sucessos consideráveis, porém ainda restritos ao universo dos ouvintes jovens.

O seu nome só se tornou massivamente conhecido, dentro e fora do circuito do rock, depois da estreia do programa, sobretudo a partir do fim de 1965, quando lançou um disco também intitulado *Jovem Guarda*, que trazia como tema de abertura *Quero que vá tudo pro inferno*. A música instantaneamente estourou nas rádios, mas também gerou uma série de polêmicas. O refrão ("*Só quero que você/ Me aqueça nesse inverno/ E que tudo mais vá pro inferno*") foi considerado ultrajante por setores conservadores da sociedade brasileira, especialmente os ligados à Igreja Católica.

O barulho provocado pela canção levou o pesquisador Paulo César de Araújo a descrevê-la, na biografia *Roberto Carlos em detalhes*, como a "de maior impacto popular na história da música popular brasileira". Tamanha repercussão transformou Roberto na grande estrela do país e multiplicou a audiência do programa *Jovem Guarda*. A atração, aliás, foi fundamental na evolução do rock brasileiro, então chamado de "música jovem", que vinha se desenvolvendo desde meados dos anos 1950 por nomes como Celly Campello e Sérgio Murilo. Não custou para se tornar um novo movimento musical.

Paralelamente, em 1965 começava a surgir outra tendência, que ficaria conhecida pela sigla MPB (Música Popular Brasileira). Criada por artistas de formação universitária em sua maioria, a MPB tinha como motivação o ideal de modernização da música nacional a partir dos preceitos iniciados anos antes pelo movimento da Bossa Nova. Como aponta o historiador Marcos Napolitano no livro *Seguindo a canção: engajamento político e indústria cultural na MPB (1959-1969)*, esses artistas eram ligados intelectualmente à esquerda e, influenciados pelo conceito de "nacional-popular", baseavam sua criação em um projeto político. Ou seja, mais do que o valor estético, a música tinha que se desenvolver também "em nível sociológico e ideológico".

A principal vitrine dessa turma eram os festivais de música popular, cujo sucesso foi responsável pelo lançamento de muitos artistas e pela criação de novos programas musicais, como *O fino da bossa*, exibido também pela TV Record a partir de maio de 1965, sob o comando de Jair Rodrigues e Elis Regina, então a grande estrela da música nacional e a mais aguerrida representante da MPB. Com o sucesso paralelo do *Jo-*

vem Guarda, iniciou-se aí a tal rivalidade entre os dois programas e, consequentemente, entre os dois movimentos musicais, com grande impacto na cultura brasileira. E não só na música, mas também nos níveis ideológico, estético e mercadológico.

Em primeiro lugar, para entender o caráter ideológico dessa disputa, deve-se ter em mente o contexto político do Brasil de então. Em 1964, instalou-se no país, através de um golpe, a ditadura militar, que cerceou garantias individuais, cassou direitos políticos, fechou o Congresso e promoveu prisões, assassinatos e uma rígida censura aos meios de comunicação e às artes. Assim, para os cantores e compositores da MPB, a música representava também uma arma na luta contra um sistema repressor e injusto, e eles buscavam retratar esta realidade em suas letras. Os da Jovem Guarda, por outro lado, falavam em suas canções de vivências cotidianas e individuais. Influenciadas pelo rock e pelas baladas românticas, as letras normalmente giravam em torno de carros, velocidade e aventuras amorosas. Esse abismo entre os dois grupos fez com que os artistas e fãs da Jovem Guarda fossem rotulados de alienados, em oposição aos da MPB, considerados engajados.

Já o caráter estético da rivalidade entre os grupos se baseava na ideia do que era "música brasileira". Em sua biografia sobre Roberto Carlos, Paulo César de Araújo defende que nos anos 1960 só se encaixaria nessa categoria aquilo que se relacionasse com os gêneros identificados à tradição musical do país. A MPB, portanto, tinha esse status porque bebia sobretudo na fonte do samba e da bossa nova. Já a Jovem Guarda, inspirada pela música norte-americana e por usar guitarras elétricas em seus arranjos, produzia canções que, apesar de feitas por brasileiros, eram chamadas de "estrangeiras" ou pejorativamente de "iê-iê-iê".

Por fim, o caráter mercadológico se relacionava ao processo de crescimento da indústria cultural no Brasil entre as décadas de 1950 e 1960, com maior poder de compra dos consumidores e a popularização de produtos como a televisão. Segundo o historiador Marcos Napolitano, como naquele período os públicos consumidores ainda não estavam rigidamente definidos, a Jovem Guarda e a MPB entraram em confronto, já que "ambas disputavam franjas de público que se tocavam". A oposição entre os dois gêneros era também uma disputa de artistas em busca da consolidação no mercado fonográfico.

Um dos ápices desse embate foi a célebre Marcha Contra as Guitarras Elétricas, em 17 de julho de 1967. Na época, o programa *Jovem Guarda* gozava de enorme popularidade, enquanto *O fino da bossa* derrapava na audiência. A TV Record decidiu então juntar os artistas ligados à "tradicional música brasileira" numa atração de nítido enfrentamento ao *Jovem Guarda*, explorando midiaticamente o conflito. Criou-se, assim, o programa *Frente única: noite da Música Popular Brasileira*, que reuniria, a cada semana, uma dupla de artistas apresentadores para celebrar a "verdadeira música nacional". Para badalar a nova atração, um ato público levou às ruas de São Paulo nomes como Elis Regina, Geraldo Vandré, Edu Lobo e Gilberto Gil. Nessa passeata, foram exibidos cartazes contra o uso de guitarras elétricas na música brasileira. Vandré, no megafone, denunciava o "entreguismo cultural" promovido pelos artistas da Jovem Guarda.

O duelo entre MPB e Jovem Guarda extrapolava as discussões meramente musicais e ganhava um caráter político e sociológico. A crítica especializada desse período – bem como a imprensa de um modo geral – tratava de jogar gasolina na fogueira que separava as duas turmas, mas sempre se posicionando ao lado dos artistas nacionalistas.

Segundo o pesquisador Marildo Nercolini, a crítica da década de 1960 passou a utilizar a MPB como parâmetro, cobrando que todos os artistas se adequassem aos seus elementos estéticos e políticos. Aqueles que não produzissem música nesses termos – Roberto Carlos, por exemplo – "eram os 'outros' a serem desqualificados, pois não faziam música brasileira, pelo menos não 'de qualidade'".

A crítica assinada por Fausto Wolff no *Jornal do Brasil* em janeiro de 1966 comprova este argumento. No texto, ele expressa e sintetiza a ideia de qual seria o verdadeiro propósito de existência da música, que era seguido à risca pelos emepebistas:

Música popular deveria ser arte popular. Deveria, enfim, traduzir os anseios de um povo como o samba, de bom ou mau gosto, fez e continua fazendo. A arte deve ser participante (e quando digo isso não falo, evidentemente, numa única direção), pois é impossível ao artista alhear-se dos graves problemas de seu tempo.

Aqui o crítico escancara todos os ingredientes que alimentaram a rivalidade MPB x Jovem Guarda, utilizando-se dos mesmos argumentos que levaram, um ano e meio depois, os artistas da MPB a protestarem contra as guitarras elétricas nas ruas. Nesse mesmo texto, intitulado "A juventude dança os falsos valores", Wolff busca analisar o que considera uma "decadência cultural" promovida por programas de música como o *Jovem Guarda*. Segundo ele, o iê-iê-iê traduzia a falta de perspectiva da juventude de então, que se deixava levar por letras que falavam apenas de "carros e garotas". Ao citar especificamente o programa, Wolff o descreve como uma apresentação de rapazes e moças que dançam de forma "grotesca" e cantam "versões muito ruins de péssimas músicas populares americanas".

Esse discurso, embora fortemente impregnado pela crítica política comum à época, revela também mecanismos de legitimação e hierarquização do gosto, quando ele generaliza como "decadência cultural" um estilo que não se encaixa nos parâmetros de qualidade eleitos por ele próprio e compartilhados por outros sujeitos do seu meio social. Segundo o sociólogo Pierre Bourdieu, esse fato tem uma relação direta com a distinção entre classes sociais, levando à reflexão sobre outro fator importante presente no discurso que opunha MPB e Jovem Guarda.

Havia uma diferença marcante entre os artistas dos dois grupos. A MPB era produzida por jovens predominantemente de classe média e formação universitária, e consumida por um público de mesmo perfil. Já os artistas e os fãs da Jovem Guarda vinham principalmente das zonas suburbanas das cidades; poucos tinham formação universitária.

Em seu livro *Jovem Guarda: em ritmo de aventura*, o pesquisador Marcelo Fróes mostra que havia uma divisão social – e também geográfica – relacionada ao consumo de diferentes gêneros musicais no fim dos anos 1950. Erasmo Carlos concorda com essa ideia em um depoimento ao autor: "É bom dizer que a gente começou curtindo também bossa nova – além do rock, é claro. [...] Havia um interesse, só que a gente não tinha acesso ao grupo da Bossa Nova. Nenhum de nós tinha carro nem conhecia ninguém na Zona Sul. Então era difícil o acesso da gente, embora, por outro lado, o rock'n'roll estivesse caminhando".

Segundo Pierre Bourdieu, a hierarquização das artes e o julgamento dos gostos, a partir da diferenciação entre o belo e o feio, o bom e o ruim, funciona como um importante marcador de separação de classe. Para o sociólogo, o gosto não é gerado por um processo natural, e sim através de uma construção social baseada em noções adquiridas pelas pessoas a partir de suas formações, seus estilos de vida e suas visões de mundo. A isso ele chamou de *habitus*, mecanismo que condiciona cada um a desenvolver seus gostos e a tomar posição de acordo com o lugar que ocupa no espaço social. Assim, indivíduos de classes mais elevadas legitimam seu consumo cultural como "elevado" e "sublime", buscando diferenciar-se das classes populares, que estariam ligadas ao consumo da "baixa cultura", "vulgar" e "fácil".

Resumidamente, gostar de MPB ou gostar da Jovem Guarda não se limitava a refletir o engajamento ou a alienação política, mas também suas condições sociais: a classe social a que pertenciam, o nível de educação e a sua própria trajetória de vida – se possuíam ou não carro ou em que bairro moravam, como destacou Erasmo.

Por isso, é possível dizer que muitas das análises que negavam ou rechaçavam a música de Roberto Carlos mostravam, além dos quesitos estéticos, ideológicos e mercadológicos, um mecanismo de distinção de classe que funciona, de acordo com Bourdieu, como "legitimação das diferenças sociais".

Isso fica claro no constante rebaixamento que Roberto e outros artistas da Jovem Guarda sofriam da crítica, que se referia a eles usando termos como "debiloides", "decadentes" ou "grotescos". Todo esse discurso preconceituoso, no fundo, revela uma indignação do crítico, que não entende como podem ser oferecidas a ele (sujeito de capital cultural elevado) formas de consumo tão "baixas" e "vulgares".

Embora popular na TV e no rádio, enfileirando um sucesso atrás do outro, Roberto Carlos seguia sem merecer atenção da crítica por uma razão simples: os colunistas de cultura de jornais como *JB*, *O Globo* e *Folha* eram todos de classe média, ligados à intelectualidade, quase sempre com formação universitária.

O mesmo Paulo César de Araújo autor da biografia de Roberto, em seu livro sobre música brega, *Eu não sou cachorro, não*, lembra que a crítica especializada também não deu importância a artistas como Odair José e Waldick Soriano. Isso porque os leitores dos jornais considerados "de prestígio" – formados também pela classe média – não consumiam esse tipo de música, "de baixo valor". Portanto, não era relevante que seus discos fossem analisados nas páginas de cultura.

O cenário começou a mudar na segunda metade da década de 1960, quando alguns acontecimentos na música brasileira e na carreira de Roberto Carlos influenciariam a forma como ele era enxergado pela crítica musical.

música popular

JÚLIO HUNGRIA

ROBERTO CARLOS
— O SUCESSO PERMANENTE

Roberto Carlos está de volta com um LP (CBS) em que levanta ainda o nível da qualidade da sua música, to a que se jogou a partir de 1968 (*Você Pensa*) e que tem levado adiante sempre bem sucedido. Mesmo tomando a média geral do repertório, chega-se a esse resultado. Ainda mais se anotarmos (ou descontarmos) a relevância do compromisso com o mercado: venderá novamente 600 mil cópias (será que vende mesmo isso tudo?).

A propósito do nôvo disco de Roberto, ... com o sentido de tentar incentivar o ouvinte, deixando as conclusões ... específicas por conta do seu senso ... aqui vai um texto que valeu exatamente um ano antes (a propósito do ... em dezembro de 69) como vale ... "A longevidade de Roberto Carlos ... sucesso de vendagem (todos os seus ... atingiram marcas relevantes nas ... do mercado brasileiro) ... parece de...

E aí está êle, como um ano antes, como dois anos antes, como em tantas temporadas, sempre identificado como ... de uma grande massa de jovens, ... cordista na vendagem de discos, ... cantor e compositor da maior ... tância e do maior significado para ... (desde os tempos do declínio da ... va quando representou mais u... new que a música de protesto... as duas coisas ao mesmo tem... recente e extraordinária te... Canecão).

No disco se apresenta c... balhos seus: *Ana*, *Vista a*... *Bem*, *Minha Senhora*, *Jes*... *km por Hora*, todos de parceria com ... mo Carlos. E ainda *Uma Palavra Amiga* ... (Getúlio Côrtes), *Meu Re*... 70 (Raul ...

O final de ano chega e có... êle, o LP de Roberto Carlos. Nele, a presença da música patriótica, da taxada de motel e de a... que dançam com... feitas para o b...

JORNAL DO BRASIL □ Rio de Janeiro, têrça-feira, 6 de fevereiro de 1968

caderno B

ATRÁS DOS GRITOS,
ATRÁS DOS RITOS:
UM BOM CANTOR

Foi capa de *Cash Box*, durante muito tempo envergou manto, cetro, coroa; hoje se pode

ROBERTO

Ele ainda chama os amigos de bicho e aparentemente mantém as mesmas atitudes que o caracterizavam no início da década de 60. Mas seu crescimento continua independente das reformulações da música popular brasileira. O 19.º LP anual ainda não foi lançado, mas já vendeu 900 mil exemplares — 700 mil discos e 200 mil cassetes. Hoje, no espetáculo que estréia no Canecão (que já tem várias casas vendidas),

"SÓ ME REVELO QUANDO CANTO"

★ ☆ ★ ☆ ☆ ☆ ☆

A TROPICÁLIA E 'AQUELA CANÇÃO DO ROBERTO'

"DAQUI PRA FRENTE TUDO VAI SER DIFERENTE"

O surgimento do movimento tropicalista foi o primeiro e decisivo marco que levou Roberto Carlos a ser lido de forma diferente por alguns setores da intelectualidade. A Tropicália (ou Tropicalismo) teve ampla ressonância na cultura brasileira e mobilizou várias frentes artísticas: literatura, cinema, artes plásticas... A música, no entanto, foi a que gerou debates mais significativos, a partir das obras de Caetano Veloso, Gilberto Gil, Gal Costa, Tom Zé, Mutantes, Nara Leão, Rogério Duprat, Capinan, Torquato Neto e outros.

    O movimento resultava justamente do desconforto desses artistas diante do cenário radicalmente polarizado da música brasileira naquele momento, dividida entre MPB e Jovem Guarda. A proposta da Tropicália era discutir e reorganizar o que se vinha pensando até ali em torno do assunto. Para Caetano Veloso, principal mentor do movimento ao lado de Gilberto Gil, era preciso retomar a "linha evolutiva da MPB", que estaria estagnada desde o surgimento da bossa nova. Como o próprio Caetano diz em seu livro *Verdade tropical*, era necessário um processo de modernização da música iniciado pelo movimento da Bossa Nova em 1958, que não encontrou continuidade na produção da MPB por seu ideal nacionalista, que a limitava.

    Havia, no entanto, uma marcante diferença entre as propostas estéticas bossanovistas e tropicalistas. A Bossa Nova, como afirma Pedro Duarte em um ensaio de 2018 sobre o disco-manifesto *Tropicalia ou Panis et circencis*, promoveu uma espécie de síntese na música brasileira, aparando arestas e retirando os excessos tanto melódicos quanto poéticos do que se vinha produzindo até então. Já a Tropicália, explica Caetano, partia da ideia do sincretismo. Isso porque, apesar de reverenciar João Gilberto, principal nome do movimento bossanovista, pretendia também retomar elementos da música brasileira renegados e postos de lado pela bossa nova, como o ufanismo de *Aquarela do Brasil,* as dores de cotovelo do samba-canção e o canto operístico de Vicente Celestino.

Esse olhar para o passado faria parte da produção tropicalista, somando-se às influências contemporâneas, como o pop dos Beatles, o rock de Jimi Hendrix e, claro, o iê-iê-iê de Roberto Carlos. Para isso, os músicos buscavam inspiração no movimento modernista brasileiro da década de 1920, sobretudo a partir de manifestos de Oswald de Andrade, defensor da antropofagia para a criação artística. Ele pregava a apropriação da cultura estrangeira para transformá-la numa produção que dialogasse com as questões e as vivências brasileiras. O objetivo dos tropicalistas era também "deglutir" todas essas referências e transformá-las em algo novo e moderno, que representasse o Brasil da forma mais sincrética e alegórica possível, fugindo do folclorismo romântico dos artistas da MPB.

Tratava-se, acima de tudo, de um projeto de vanguarda. Os tropicalistas criaram *happenings* e polêmicas que visavam romper os limites do que era considerado "música brasileira". O primeiro passo foi trazer as guitarras elétricas para suas canções. Isso aconteceu no III Festival da Música Popular Brasileira, promovido pela TV Record entre setembro e outubro de 1967. Gil apresentou *Domingo no parque* acompanhado pelos Mutantes, banda de rock formada por Rita Lee e pelos irmãos Sérgio Dias e Arnaldo Baptista. Caetano defendeu *Alegria, alegria* à frente da banda Beat Boys. Ambas as composições ganharam arranjos ancorados em guitarras, instrumento até então alheio ao universo da MPB e praticamente exclusivo do mundo da Jovem Guarda e do rock. O episódio foi considerado o marco inicial da Tropicália, que logo passaria a dominar as discussões culturais do país.

    A partir daí, os tropicalistas seguiram buscando estabelecer uma ruptura estética dentro da MPB, com a incorporação de elementos musicais até então restritos aos artistas do iê-iê-iê. E foi aí que Roberto Carlos e sua obra ganharam importância, com ações de enfrentamento e polêmica em relação à MPB. Determinados a defender seu projeto sincrético dentro da música popular brasileira, os tropicalistas foram, por tabela, decisivos para tornar positiva a imagem de Roberto, visto até então como um grande inimigo. Como era a figura principal do movimento da Jovem Guarda, os tropicalistas personificaram nele tudo o que deveria – de acordo com os preceitos antropofágicos de Oswald de Andrade – ser deglutido, digerido e ressignificado em um novo conceito de produção musical.

O melhor exemplo está no disco *Tropicalia ou Panis et circencis*, lançado pelo grupo tropicalista em 1968. É desse álbum, de suma importância para o movimento, *Baby*, composição de Caetano Veloso interpretada por Gal Costa. Com arranjo de bossa nova, a letra mergulha em elementos da cultura pop e afirma: *"Você/ Precisa tomar um sorvete/ Na lanchonete, andar com a gente/ Me ver de perto/ Ouvir/ Aquela canção do Roberto"*.

No mesmo disco, havia outra provocação na mesma direção, que também ilustra o caldeirão cultural proposto pela Tropicália. *Geleia geral*, parceria de Gil com Torquato Neto, é considerada por muitos como a verdadeira música-manifesto do movimento. O refrão diz: *"Ê bumba, yê-yê boi/ Ano que vem, mês que foi/ Ê bumba yê-yê-yê/ É a mesma dança do boi"*. Estava estabelecida uma aproximação entre o iê-iê-iê encabeçado por Roberto Carlos com a tradição do folclore brasileiro.

Além disso, muitos tropicalistas gravaram músicas compostas por Roberto. Gal Costa registrou no seu primeiro disco solo, em 1969, *Se você pensa* e *Vou recomeçar*. No ano seguinte os Mutantes incluíram *Preciso urgentemente encontrar um amigo*, de Roberto e Erasmo, no disco *Ando meio desligado*.

Mas era Caetano quem mais se empenhava na defesa de Roberto Carlos, inclusive em falas públicas e em muitas participações no programa *Jovem Guarda*. Em seu primeiro disco solo, lançado em 1968, ele convidou para tocar na faixa *Superbacana* a banda de rock RC-7, que acompanhava Roberto em shows e gravações de estúdio.

Como o próprio Caetano afirmaria mais tarde, uma das influências para a criação do pensamento tropicalista foi Augusto de Campos, poeta e intelectual brasileiro que anos antes fora grande defensor do movimento da Bossa Nova. Mais especificamente a inspiração veio de um polêmico texto publicado por Campos no jornal *Correio da Manhã*, intitulado "Da Jovem Guarda a João Gilberto", no qual analisa o embate da MPB com o movimento do iê-iê-iê, que vivia o seu auge naquele ano de 1966. O poeta defende a ideia de que artistas da Jovem Guarda como Roberto e Erasmo Carlos estavam mais próximos da interpretação da bossa nova do que artistas nacionalistas como Elis Regina. Em suas palavras:

Jovem-guardistas como Roberto ou Erasmo Carlos cantam descontraídos, com uma espantosa naturalidade, um à vontade total. Não se entregam a expressionismos interpretativos; ao contrário, seu estilo é claro, despojado. Apesar do iê-iê-iê ser música rítmica e animada, e ainda que os recursos vocais, principalmente de Erasmo, sejam muito restritos, estão os dois Carlos, como padrão de uso da voz, mais próximos da interpretação de João Gilberto do que Elis e muitos outros cantores de música nacional moderna, por mais que isso possa parecer paradoxal.

Nesse mesmo texto pré-Tropicália, Augusto de Campos vai ainda mais longe e afirma que a Jovem Guarda foi a "veiculadora de informação nova" na música popular brasileira, justamente por ter "deglutido" o rock britânico e somado ao seu caráter comercial um "uso funcional e moderno da voz".

Essa crítica se tornou ainda mais conhecida em 1968, quando Campos publicou o livro *Balanço da bossa e outras bossas*, reunindo textos próprios e de outros autores sobre aquele momento da música popular brasileira. Alguns deles lançam um olhar diferenciado em relação à produção de Roberto Carlos e da Jovem Guarda. Júlio Medaglia, importante maestro e arranjador, afirmava em seu texto "Balanço da bossa nova":

> *Se formos realmente coerentes, chegaremos facilmente à conclusão de que as interpretações de Roberto Carlos são muito mais despojadas, mais "enxutas" e, por incrível que pareça, aproximam-se mais das interpretações de João Gilberto do que os gorjeios dos que se pretendem sucessores do "bossanovismo". Aliás, aqueles que se recusam a reconhecer esse fenômeno ou que tapam os ouvidos para a música iê-iê-iê por considerá-la uma heresia subversiva de lesa-samba devem ter provavelmente mudado de ideia ao*

ouvirem Roberto Carlos cantar "Amélia" ou "Flor maior" no Festival da Record; o chamado ídolo máximo do iê-iê-iê, pela sua discrição e força expressiva, através de um canto quase falado, sem apelar para sentimentalismos ou qualquer outro subterfúgio "estrelista", deu um verdadeiro show de interpretação em termos de música brasileira.

Vale ressaltar a força dessa argumentação de aproximação de Roberto Carlos com a bossa nova feita tanto pelos autores quanto pelos tropicalistas. Como defende Marildo Nercolini em seu já mencionado ensaio, a bossa nova, logo após seu surgimento, tornou-se "a régua e o compasso" da crítica musical brasileira, o parâmetro definitivo para se estabelecer aquilo que seria a "música de qualidade" feita no Brasil. E como Augusto de Campos e Júlio Medaglia eram sujeitos de grande capital social e influência no meio intelectual, as críticas que produziram, aproximando Roberto das referências da bossa nova e do canto de João Gilberto, foram o primeiro aval para que pudesse ser considerado, de alguma forma, um cantor de qualidade.

O movimento da Tropicália e sua releitura positiva de Roberto Carlos desempenharam um papel fundamental nesse processo. Era a primeira vez que artistas de *habitus* semelhante aos da MPB (formação universitária, de classe média) viam Roberto não como o inimigo a ser combatido, mas como um artista de relevância para a música brasileira.

O próprio Roberto reconheceria esse fato anos depois, em uma entrevista para a *Folha de S. Paulo*, em 29 de novembro de 1978: "A maior homenagem que Caetano me fez foi me apoiar há dez anos, quando havia um preconceito muito grande contra a minha música. Foi importante que um cara, com o prestígio e o talento dele, assumisse que gostava do que eu fazia".

Estava consolidada a primeira virada na forma como Roberto Carlos era entendido e analisado pela imprensa especializada. Parafraseando a canção *Se você pensa,* de 1968, a partir do surgimento da Tropicália tudo iria ser diferente na relação entre Roberto e os críticos musicais.

* * *

No fim dos anos 1960 teve início a etapa de "reconhecimento da importância de Roberto Carlos no cenário da música brasileira", como bem observou o biógrafo Paulo César de Araújo. De fato, a partir de 1968, a crítica reavaliaria sua postura em relação à obra do cantor e compositor, estabelecendo com ele uma espécie de negociação. A Tropicália começou esse namoro, mas outros acontecimentos, logo a seguir, foram fundamentais para que Roberto pudesse frequentar o andar de cima. Todos diretamente ligados a sua própria obra.

O primeiro marco foi a mudança de Roberto

em seu repertório a partir de 1968, com o disco *O inimitável*. Ele iniciou uma lenta transição do estilo quase adolescente da Jovem Guarda para uma roupagem mais adulta. Os rocks ingênuos e juvenis cederiam espaço a canções influenciadas pela nascente soul music. Foi também a partir daí que ganharam destaque em seus discos as baladas românticas, gênero que dominaria o repertório do artista a partir dos anos 1970.

Outros dois episódios importantes contribuiram para a crítica a reavaliar a obra de Roberto Carlos. Em janeiro de 1968, prestes a dar novos rumos a sua carreira, o cantor se desligou do programa *Jovem Guarda,* que já vinha apresentando desgaste no formato e queda de audiência.

Um mês depois, em fevereiro de 1968, Roberto venceu o prestigiado Festival della Canzone Italiana di San Remo, um dos mais importantes festivais de música popular do mundo, realizado anualmente na cidade de Costa Azul. O evento ganhou relevância a partir de 1958, quando apresentou a canção *Volare (Nel blu dipinto di blu),* de Domenico Modugno e Franco Migliacci. Desde então tornou-se a grande vitrine da canção italiana para o mundo. Roberto Carlos defendeu a música *Canzone per te*, de Sergio Endrigo e Sergio Bardoti, e ficou em primeiro lugar com 905 votos, num júri formado por quase duas mil pessoas.

Sua vitória foi veiculada e festejada pela imprensa; Roberto voltou ao Brasil saudado como um ídolo nacional, enquanto era aguardado pela crítica musical com certa expectativa, como aparece na nota "O doce repouso do Rei", publicada no *Jornal do Brasil* em 14 de fevereiro de 1968, após o festival de San Remo: "Seu público espera impaciente sua volta, os críticos têm esperança de que a música popular brasileira tenha conquistado um novo e importante nome. Guitarras, roupas coloridas, a tropicália estará à sua espera".

A nota sintetiza uma importante mudança no discurso que a crítica passou a estabelecer naquele momento, quando reconhece em Roberto Carlos um bom cantor que poderia contribuir de alguma forma para a música brasileira. Além disso, reverbera o processo da Tropicália em valorizar a imagem de Roberto, ao manifestar o desejo de que, após a vitória em San Remo, ele ingressasse no movimento.

Uma análise publicada na mesma época no *Caderno B*, o suplemento de cultura do *JB*, é ainda mais reveladora desse processo. Intitulada "Atrás dos gritos, atrás dos ritos: um bom cantor", a crítica comprovava as qualidades vocais de Roberto Carlos:

> *Talvez tenha sido preciso que Roberto Carlos deixasse de ser o Rei do iê-iê-iê e todos se pusessem a aceitar a queda de seu prestígio para que, atrás dos ritos com que se cria um ídolo, aparecesse o que, afinal de contas, ele é: um bom cantor. No comando da Jovem Guarda, Roberto Carlos era o chef da gang, o maior, o ídolo, o modelo. Na Itália, defendendo "Canzone per te", de Sergio Endri-*

go, passou a ser nada mais nada menos que um cantor de grandes qualidades.

Definitivamente a forma como a crítica o enxergava havia mudado. Se em 1965 Roberto era um "debiloide", de quem não se podia nem entender o que cantava, no início de 1968 ele já recebia a chancela de "um cantor de grandes qualidades". Não se tratava ainda de um acolhimento completo por parte da crítica, e sim uma primeira negociação. Depois que a Tropicália chamou a atenção para "aquela canção do Roberto", e ele se afastou do programa *Jovem Guarda* e venceu um importante festival internacional, os jornalistas especializados passaram a aceitá-lo. Mas parcialmente: reconheciam, sim, sua qualidade de intérprete e seu potencial de relevância para a música brasileira, porém continuavam torcendo o nariz para seu trabalho autoral e o gênero musical ao qual ainda estava associado, o rock da Jovem Guarda.

Em entrevista para este livro, o pesquisador Paulo César de Araújo afirmou que a classe intelectual e a crítica musical sempre ressaltaram as qualidades de intérprete de Roberto Carlos por identificarem nele um cantor moderno como João Gilberto. De fato, esse argumento de aproximação de Roberto com a bossa nova já estava presente no texto de Augusto de Campos e na própria motivação do movimento tropicalista. Assim, a flexibilização por parte da crítica revela não uma mudança de gosto, mas uma maior adequação de Roberto a esse padrão. No fundo, a imprensa especializada não estava reavaliando suas próprias motivações, mas apontando alguns elementos no artista que agora se encaixavam em seus parâmetros já estabelecidos – e que tinham como referência máxima a produção da bossa nova e da MPB. A mesma régua de gosto que antes serviu para negá-lo agora negociava com ele.

Os críticos, porém, não davam o braço a torcer. Ao constatarem o crescente protagonismo de Roberto Carlos no cenário musical, para além do movimento da Jovem Guarda que tanto rechaçavam, foram buscar nele elementos que estivessem de acordo com o bom gosto estabelecido pelas pessoas de seu meio social. E encontraram na voz do cantor, como já adiantara Augusto de Campos, o refinamento estético da bossa nova. Ainda assim, faziam um alerta, como nas entrelinhas do texto do *Jornal do Brasil*: como o bom cantor que provara ser, teria de deixar de lado o iê-iê-iê, gênero de consumo "fácil" e "vulgar", claramente associado às massas, isto é, às classes populares.

No ano seguinte, em 1969, outro fato importante contribuiu para a crítica começar a aceitar também o lado compositor de Roberto Carlos: Elis Regina gravou suas músicas, marco simbólico do fim da guerra MPB x Jovem Guarda.

Desde 1965 no comando do programa *O fino da bossa,* Elis era considerada a grande cantora nacional. Assim como Roberto Carlos personificava o iê-iê-iê, a Pimentinha era a porta-voz da MPB, e muitas vezes o embate entre os gêneros podia ser lido também como um conflito entre os dois artistas. Uma entrevista concedida por Elis para a revista *Intervalo* no início de 1966, quando *Quero que vá tudo pro inferno* acabara de estourar, resumia bem o empenho com que ela defendia seu estilo musical em oposição ao de Roberto: "Esse tal de iê-iê-iê é uma droga: deforma a mente da juventude. Veja as músicas que eles cantam: a maioria tem pouquíssimas notas e isso as torna fáceis de cantar e de guardar. As letras não contêm qualquer mensagem. [...] Qualquer um que se disponha pode fazer música assim, comentando a última briguinha com o namorado. Isso não é sério nem é bom. Então, por que manter essa aberração?".

A fala de Elis revela todo o significado da decisão dela de incluir em um badalado show que estava apresentando em 1969, no Teatro da Praia, no Rio de Janeiro, a música *Se você pensa*, composição de Roberto e Erasmo lançada um ano antes – na mesma época, a canção foi incluída no disco *Elis in London*. No ano seguinte, em 1970, ela gravou *As curvas da estrada de Santos* no LP *Em pleno verão*, que a fez também abraçar alguns preceitos tropicalistas, incluindo a guitarra elétrica nos arranjos e composições de Caetano Veloso e Gilberto Gil. Não foi só. Em 1971, Elis gravou outra canção de Roberto e Erasmo, dessa vez feita especialmente para ela: *Mundo deserto*, no álbum *Ela*.

No livro *Noites tropicais*, Nelson Motta, jornalista e produtor musical de Elis naquele período, conta que a inclusão dessas músicas no repertório da cantora partia de uma "reavaliação de Roberto Carlos e Erasmo como compositores" feita por ambos, reconhecendo que "de arqui-inimiga da Jovem Guarda, Elis tornou-se grande intérprete da dupla". De fato, o acontecimento selaria o fim de uma era na história da MPB e contribuiria para que muita gente reavaliasse Roberto Carlos como compositor.

Prova disso é que no apagar das luzes de 1969 o novo disco de Roberto ganhou uma crítica aprofundada e de destaque, algo que não costumava acontecer na Jovem Guarda. O texto de Júlio Hungria, publicado no *Jornal do Brasil* em 19 de dezembro, ainda é exemplar do processo de negociação parcial da crítica musical com Roberto Carlos. Intitulada "O Rei continua no trono", a resenha de Hungria começa ressaltando o caráter comercial de Roberto, ao citar suas vendagens cada vez mais expressivas, que se justificariam, segundo ele, pelo "magnetismo pessoal" do cantor. Sobre o repertório do novo álbum, ele afirma:

Roberto tenta mais um recorde com o novo disco, preparou um repertório adequado para seu público habitual de mocinhas suspirantes, mas é verdade que procura novos caminhos e um novo público para sua arte. [...] Ele, que sempre foi um excelente compositor e um intérprete bem dotado, procura alinhar-se agora no primeiro time dos que fazem música popular destinada ao gosto jovem.

Assim como o disco de Roberto Carlos de 1969 mostra sua transição do estilo roqueiro da Jovem Guarda para o estilo romântico da década de 1970, pode-se afirmar que a análise de Júlio Hungria é também uma crítica de transição, isto é, possui elementos discursivos herdados do período da Jovem Guarda, ao mesmo tempo em que adianta qualidades de Roberto que seriam reforçadas nos anos seguintes. Exemplo disso é que ele caracteriza o repertório do álbum como "adequado para mocinhas suspirantes", mas também reconhece que o artista é um "excelente compositor e intérprete bem dotado". Ou seja, Hungria rebaixa o repertório de Roberto Carlos em relação ao seu público consumidor, sendo a figura das "mocinhas suspirantes" o claro estereótipo das fãs "alienadas" que acompanhavam o programa *Jovem Guarda*. Ao mesmo tempo, já não trata Roberto como um cantor sem recursos ou "abominável". Ao contrário, ele é agora um "excelente compositor".

Em outro trecho da crítica, a relevância da Tropicália é mais uma vez comprovada quando Hungria cita a relação de Roberto com o movimento como um dos três elementos que, segundo ele, demonstrariam uma melhor escolha de canções naquele momento:

1 - As músicas que faz para o seu próprio repertório ganham qualquer coisa a mais em profundidade e significado. 2 - Ganham em agressividade, ele se atualiza ("Se você pensa", dezembro 68). 3 - Procura identificar-se com o movimento de Caetano e Gil, escrevendo inclusive (como fez agora) com Erasmo Carlos especialmente para Gal Costa ("Meu nome é Gal", Roberto e Erasmo).

Já no fim da crítica, ao se referir novamente ao caráter comercial de Roberto, sugere que a mudança de repertório partia também de uma pressão da indústria. E constata que o cantor passava a ganhar "um significado mais expressivo do que o anterior no contexto da MPB", concluindo que Roberto Carlos encerrava o ano "entre as personalidades de maior destaque na nossa música popular".

A crítica começava, nesse momento, um processo de aceitação de Roberto Carlos. Ainda negava certos elementos de sua obra, como o apelo comercial, mas reconhecia qualidades artísticas e seu crescente valor para a música brasileira. Segundo o biógrafo Paulo César de Araújo, esse processo de valorização de Roberto não teria acontecido se não coincidisse com um efetivo salto de qualidade de seu repertório. "Para mim, o fundamental é o talento. O Tropicalismo contribuiu para essa valorização, mas eu não tenho dúvida de que mais cedo ou mais tarde, com ou sem o movimento, Roberto Carlos seria valorizado, porque ele fez essas grandes canções", diz.

É inegável que o amadurecimento do repertório de Roberto ajudou sua imagem diante da crítica. Mas foi preciso que medalhões da MPB dessem aval ao cantor para que outros formadores de opinião passassem a enxergar elementos condizentes com seu parâmetro de gosto, fazendo com que fosse visto como um artista de qualidade. Em outras palavras, se a Tropicália não tivesse chamado a atenção para "aquela canção do Roberto", se o cantor não vencesse um festival como o de San Remo – por onde passaram artistas do renome de Louis Armstrong e Rita Pavone – ou se Elis Regina e outras grandes intérpretes do período não gravassem suas composições, talvez seu reconhecimento por parte da crítica musical fosse ao menos retardado, independentemente do amadurecimento artístico.

ROBERTO CARLOS,

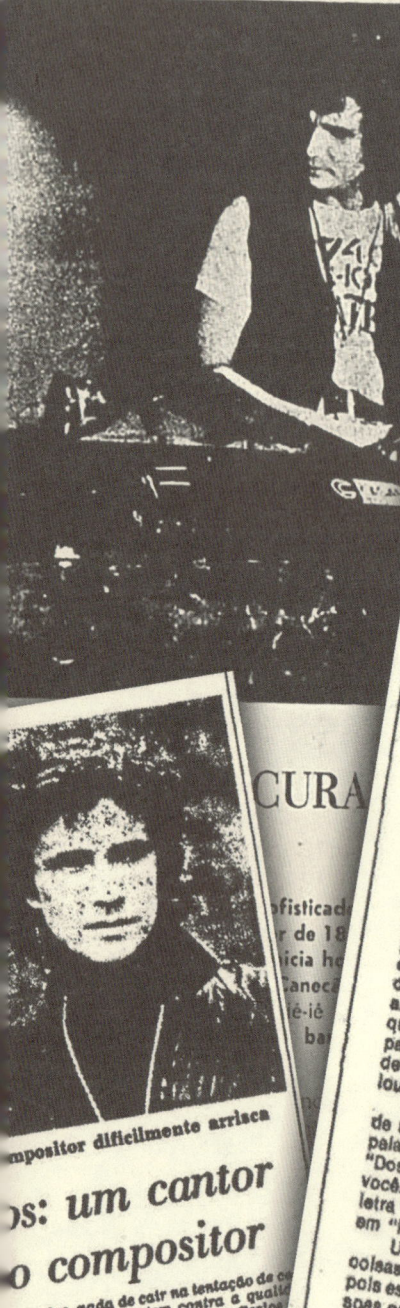

Uma volta (um retrocesso) à fotonovela

SERGIO CABRAL

O repertório selecionado por Roberto Carlos para o disco que acaba de lançar indica que as vendas do Lp do ano passado não foram lá dessas coisas. E o que se pode deduzir pela evidente recuada do cantor, abandonando as incursões pela música latino-americana e pelas canções tipo classe A, como "Macuripe", de Fagner e Belchior.

Dessa vez, Roberto Carlos voltou firme ao clima em que melhor acertou comercialmente, o clima proporcionado por músicas tipo fotonovela, baladas de consumo que podem nascer no Brasil, na Itália, nos Estados Unidos ou em qualquer outro lugar. Roberto, aliás, é tão internacional quanto as fotonovelas: muda a língua, mas a ilustração e o sentido são sempre os mesmos. Essa é a razão pela qual os maestros norte-americanos Charlie Calello, Jimmy Wisner, Al Capps e Horace Hott não encontraram qualquer dificuldade para fazer os arranjos do disco (gravado nos Estados Unidos, por sinal).

Os únicos momentos do seu último Lp em que o cantor se afastou um pouco daquele clima são encontrados nas músicas "Ilegal, imoral ou engorda", "O progresso" e "Minha tia", todas as três com a marca pessoal de Erasmo Carlos. A primeira é a musicalização da surrada frase do título; na segunda, os compositores Roberto e Erasmo revelam preocupações ecológicas ("as baleias desaparecendo por falta de escrúpulos comerciais/eu queria ser civilizado com os animais") e a terceira é a história da velha tia Amélia, que mora numa vila (hoje provavelmente derrubada, para dar lugar a um prédio), aonde Roberto ia da blusão de couro para, depois, cantar num programa de calouros da Rádio Nacional.

As demais são ocupadas por histórias açucaradas de amor, como a da moça virgem que acreditou nas palavras do poeta conquistador, mas ele foi embora. "Dos olhos da menina uma lágrima rolou", vejam vocês. É claro que Roberto incluiu pelo menos uma letra "picante", como a de "Os seus botões", que fala em "lençóis macios" onde os "amantes se dão" etc.

Um ótimo cantor, sem dúvida, que deveria cantar coisas melhores. Disse "deveria" e já me arrependo, pois essa, certamente, não é a opinião das 500 mil pessoas que comprarão, mais uma vez, o seu disco. Tudo bem.

Cotação ★★

★★★☆☆☆

OS ANOS 70
"NOUTRAS PALAVRAS SOU MUITO ROMÂNTICO"

Os anos 1970 conhecem um Roberto Carlos diferente daquele que despontou no cenário musical na década anterior. Isso porque em 1971, já com 30 anos, ele se consolidou como um cantor romântico, voltado para o público adulto. A partir daí, seu repertório passou a ser formado, sobretudo, por baladas, com letras sobre amor, sexo, cotidiano conjugal e vida privada. Sem os carrões e as gírias da Jovem Guarda.

Um dos últimos momentos de transição entre este período e a fase romântica foi o show *Roberto Carlos a 200 km por hora*, decisivo para mudar sua postura como artista. Consequentemente, teve o tapete vermelho estendido pela crítica musical e ampliou seu público, já que também passou a ser consumido pela elite.

O espetáculo estreou em 1970 no Canecão, no Rio de Janeiro, e na ficha técnica já deixava claro tratar-se de uma superprodução: além de cantar acompanhado da banda RC-7, estavam no palco o Quinteto Villa-Lobos e uma orquestra de jazz formada por 30 músicos, comandada por Chiquinho de Moraes, maestro de grande prestígio na época. As músicas ganharam arranjos mais ousados, inspirados na sonoridade das *big bands* norte-americanas, com nítida inspiração no trabalho de Frank Sinatra.

Era a primeira vez que Roberto Carlos fazia uma longa temporada em uma casa de espetáculos de prestígio, fortemente identificada com a MPB. Até então, seus shows costumavam ser em ginásios ou estádios de futebol, sem recursos aprimorados de cenário, figurino e iluminação. A direção foi de Luiz Carlos Miele e Ronaldo Bôscoli, nomes consagrados pela participação no movimento da Bossa Nova e por produzir pocket shows de artistas ligados à MPB no mítico Beco das Garrafas. Com *Roberto Carlos a 200 km por hora*, tudo conspirava para o cantor colar de vez sua imagem em um ambiente social e musical mais sofisticado.

Não deu outra. No dia 6 de setembro, após a estreia da temporada no Canecão, Zózimo Barrozo do Amaral, colunista social do *Jornal do Brasil*, noticiava o "sensacional" novo show de Roberto Carlos, ressaltando a presença de convidados ilustres como Elis Regina, Danuza Leão, Ibrahim Sued, a embaixatriz Hortênsia do Nascimento Silva e Carlos Lacerda, ex-governador do estado da Guanabara. Ou seja, agora quem assistia às apresentações de Roberto Carlos não eram mais as "fãs histéricas" da Jovem Guarda, mas figuras ligadas às elites política, intelectual, social e cultural do país.

A partir desse momento, ele se distanciava cada vez mais dos elementos da Jovem Guarda, algo que já começara a acontecer em 1968. Em paralelo, passou a frequentar com destaque as páginas de cultura dos grandes jornais, e não só as revistas para adolescentes. Também mudou significativamente sua maneira de se vestir, de cantar e de lidar com a carreira, afinal, agora era adulto e amadurecido.

Nos anos 70, mais especificamente em 1974,

Roberto Carlos assinou o primeiro contrato com a Rede Globo para um especial de fim de ano que iria ao ar na época do Natal, pouco depois do lançamento do seu novo disco. Começava, assim, um ritual que sofreria poucas oscilações nas décadas seguintes: a temporada no Canecão, o álbum anual e o especial da Globo. Tudo isso sob o embalo de dezenas de sucessos que ele emplacava nas rádios todos os anos.

A virada definitiva na carreira, a partir da consolidação como cantor romântico em 1971, contribuiu decisivamente para a nova leitura que a crítica faria de sua obra.

* * *

Em dezembro de 1971, Roberto Carlos lançou o disco que encerrou a transição iniciada em 1968 com o LP *O inimitável*, assumindo-se de vez como um artista romântico. O álbum trazia faixas como *Amada amante, Como dois e dois, De tanto amor, Debaixo dos caracóis dos seus cabelos* e *A namorada*. Aqui vale um parêntese para explicar que, dentro da discografia de Roberto Carlos, são poucos os álbuns que ganharam nomes. Com exceções nos anos 1960 e em outros lançamentos recentes, quase todos os discos se intitulam apenas "Roberto Carlos" e são conhecidos e referenciados pelo ano de lançamento.

O mergulho de Roberto em um novo universo não se deu exatamente pela temática amorosa, mas pela maneira de abordá-la. Paulo César de Araújo ressalta em sua biografia que o cantor sempre teve uma produção marcada pelo romantismo. Mesmo muitos sucessos da Jovem Guarda, como *Quero que vá tudo pro inferno*, eram, na realidade, canções de amor. No entanto, tinham uma pegada roqueira e retratavam vivências de maneira juvenil, ao estilo da época.

A partir de 1971, suas letras românticas ganharam arranjos grandiosos de orquestras, em forma de balada. Como afirma a pesquisadora Martha Ulhôa no artigo "Ele canta lindamente as dores e os amores: gestualidade musical nas canções de Roberto Carlos", ocorreram mudanças inclusive em sua enunciação vocal. Segundo a autora, a partir de 1970, Roberto passou a cantar de forma mais suave, em tons agudos, com vibratos e sonoridade mais nasal, características de canções românticas.

O emblema desse momento é *Detalhes*, até hoje um dos maiores sucessos de sua carreira, que abre o disco de 1971. A letra trata das reminiscências de uma relação amorosa que impedem o total esquecimento da pessoa amada: *"O ronco barulhento do seu carro/ A velha calça desbotada ou coisa assim/ Imediatamente você vai lembrar de mim"*. Outras composições do disco mostram a nítida opção de Roberto Carlos por temáticas mais amadurecidas. É o caso de *Traumas*, em que relembra as consequências de um acidente sofrido na infância, enquanto tenta elaborar sua relação com a figura paterna: *"Agora eu sei o que meu pai/*

Queria me dizer/ Às vezes as mentiras/ Também ajudam a viver". São temas distantes da juventude transviada emoldurada por canções da Jovem Guarda como *É papo firme* ou *Mexerico da Candinha*.

Em 3 de dezembro de 1971, na seção "Música popular" do *Jornal do Brasil*, Júlio Hungria iniciou assim sua crítica ao novo álbum de Roberto:

> *A conclusão mais definitiva que se pode tirar da audiência deste disco é sobre a impressionante regularidade de Roberto Carlos no que toca à qualidade do repertório de seus LPs – possivelmente desde o primeiro ou pelo menos a partir do segundo, o nível estabelecido pelo artista (ou pelos produtores?) tem se mantido intacto (e mais uma vez foi respeitado).*

É possível perceber uma inversão na lógica do discurso do crítico Júlio Hungria em relação aos anos anteriores. Em 1969, por exemplo, no texto mencionado no capítulo anterior, ele dedicou a primeira parte de sua crítica ao caráter comercial da música de Roberto Carlos e atribuiu ao "magnetismo pessoal" a explicação para vendagem tão alta. Apenas no fim se dedicou ao repertório. Na resenha acima, a posição é invertida: ele inicia ressaltando a regularidade do artista, não em número de vendas, mas na virtude de seu repertório. Ou seja, para Hungria, ao menos o disco de 1971 se destacou mais pela qualidade do que por seu potencial comercial.

Outro trecho importante da mesma crítica é quando Hungria afirma não ser este disco "apenas para as paradas de sucesso":

Sem abandonar o público que compra sem perguntar, R.C., consciente ou inconscientemente, também atende aos que exigem dele qualquer coisa mais que as bem elaboradas fotonovelas que ele vende tão bem.

Aqui, reaparece a tática de distinção social através do consumo cultural de que fala o sociólogo Pierre Bourdieu. O crítico estabelece uma clara diferença entre os dois tipos de público de Roberto Carlos naquele momento. O primeiro seria o que "compra sem perguntar", isto é, um público passivo, cujo consumo cultural se dá de forma automática, sem questionamentos ou qualquer elaboração consciente, o chamado "público massivo". O segundo tipo seria o que "exige dele qualquer coisa mais que as bem elaboradas fotonovelas", isto é, um público ativo, com reflexão crítica pretensamente mais elevada, que não se contentaria com qualquer produto oferecido e exigiria mais qualidade.

Pelo menos na visão da crítica, sempre resistente, Roberto Carlos tinha duas audiências: a cativa da época da Jovem Guarda (ligada às classes populares e associada a um consumo considerado baixo e menos elaborado) e a que passou a acompanhá-lo a partir do show do Canecão em 1970 (ligada às elites econômicas e culturais, associada a um consumo refinado e mais exigente).

A distinção entre os dois lados da obra de Roberto – o popular e o sofisticado – é o que marcaria sua produção a partir desse momento e que apareceria constantemente nas análises publicadas na imprensa. Um discurso que guarda estrita relação com a incursão do cantor pelo romantismo.

* * *

A relação de Roberto Carlos com a crítica musical ficou mais próxima – e bem mais complexa – quando ele assumiu a canção romântica como principal estilo. Em um primeiro momento, a mudança melhorou sua imagem, já que o afastou de elementos da Jovem Guarda, considerados predominantemente negativos. Ao mesmo tempo, ele passou a cortejar a nata da MPB, com arranjos mais arrojados, letras de temática amadurecida e um leque ampliado de fãs, o que o fez cair no gosto da elite e de um público mais velho.

Ao longo da década de 1970, com os discos lançados anualmente, Roberto intensificou ainda mais sua imagem de cantor romântico, tanto em termos musicais como performáticos. Um exemplo foi a mudança de figurino, que incorporou smokings com flor na lapela. Ele chegou a ganhar a alcunha de "cantor de motel", quando, em 1973, inaugurou uma série de composições que flertavam com o erótico, como os hits *Proposta, Café da manhã* e *Cavalgada*. Essas músicas tinham como cenário os lençóis macios e as camas desalinhadas dos quartos de motel, que reforçaram a imagem de cantor romântico adulto. Mas toda faca tem dois lados e serviram também para a crítica estabelecer uma aproximação do compositor com os artistas denominados cafonas ou bregas.

No livro *História social da Música Popular Brasileira*, o pesquisador José Ramos Tinhorão explica que a música de temática amorosa existe, pelo menos, desde a Idade Média, com as canções dos trovadores e suas serenatas de tom romântico-confessional. Segundo ele, no século XIX, com o surgimento no Brasil do movimento do Romantismo, esse segmento foi ainda mais explorado nas canções populares, que abriram as portas para a "moderna música popular urbana destinada ao consumo de camadas amplas e indeterminadas, que mais tarde se chamaria de massa".

Dando um salto até o século XX, Paulo César de Araújo afirma no livro *Eu não sou cachorro, não* que ainda na Era do Rádio cantores de repertório romântico, como Orlando Silva e Nelson Gonçalves, costumavam ser chamados de "cafonas". Já o termo "brega", segundo o autor, apareceu na imprensa entre as décadas de 1970 e 1980 para designar os novos artistas que surgiam apoiados nesse tipo de repertório, como uma forma de diferenciá-los da estética da MPB. Faziam parte do grupo Reginaldo Rossi, Odair José, Agnaldo Timóteo, Waldick Soriano e outros.

A denominação "brega", no entanto, não diz respeito a um gênero musical específico, já que entre as composições românticas carimbadas com esse nome encontram-se baladas, boleros, sambas-canção, sambas etc. O rótulo deriva de uma série de códigos compartilhados entre esses artistas, como tipo de interpretação, performance, vestuário, perfil do público e temas das letras, que costumam retratar personagens populares, como o bêbado, a prostituta ou o corno.

O preconceito e a visão negativa em torno da música romântica têm muito a ver com sua estética próxima dos excessos do melodrama, como explica a pesquisadora Silvia Cardoso no artigo "Música romântica, indústria fonográfica e crítica musical no Brasil dos anos 1970": "As temáticas abordadas em suas letras evidenciam uma forte passionalidade, intensificada pela melodia e pela performance da voz. As interpretações exageradas de certos cantores parecem esbravejar sentimentos e emoções reais. Todo esse excesso melodramático leva alguns críticos a classificarem o cancioneiro romântico como 'ingênuo', de 'baixa qualidade' e/ou 'gosto duvidoso'".

Por mais que Roberto Carlos não fizesse parte do grupo chamado de brega, ele compartilhava muitos desses códigos. Era, inclusive, a grande referência musical de alguns ícones do movimento, como Odair José e Reginaldo Rossi, fãs confessos do Rei. Com sua incursão pela música romântica, Roberto também assumiu elementos do melodrama, como ressalta Martha Ulhôa, ao analisar a gravação de *Detalhes* com orquestra: "O certo é que o arranjo em todas as ocasiões funciona como uma trilha sonora do melodrama que se desenrola". Outras músicas de discos seguintes do cantor traziam arranjos em estilo semelhante, com letras de tom dramático que falavam de paixões exacerbadas, abandono, desilusões e fortes dores amorosas, como *À distância*, *Outra vez* (de Isolda), *Vivendo por viver* (de Cobel e Márcio Greyck) e *Desabafo* (parceria de Roberto com Erasmo Carlos).

No livro *Dos meios às mediações*, sobre cultura de massas e meios de comunicação, o filósofo espanhol Jesús Martín-Barbero estabelece uma crítica aos pensadores da Escola de Frankfurt – grupo de intelectuais que, na primeira metade do século XX, produziu um tipo de conhecimento chamado de "Teoria Crítica" –, especialmente a Theodor Adorno. Em um estudo de Adorno e Max Horkheimer, os teóricos sustentam que a indústria cultural se difere da ideia de cultura de massas por não se tratar de uma produção espontânea do povo. Ao contrário, tem à frente figuras de grande poder e autoridade, que passam a reiterar seus interesses a partir de uma produção cultural automatizada, técnica e sem possibilidade de inovações, transpondo, assim, a arte para a esfera do consumo.

Martín-Barbero relê as ideias de Adorno com uma visão menos apocalíptica, refutando a abordagem de que os receptores são sujeitos passivos, sem pensamento crítico ou possibilidade de ação. A tese principal de seu trabalho se apoia no argumento de que a cultura de massas, apesar de inserida na lógica da indústria cultural, revela expressões e vivências próprias da cultura popular.

O filósofo foca especialmente nas telenovelas latino-americanas e no gênero do melodrama, um tipo de espetáculo teatral surgido na França no fim do século XVIII, que, de acordo com ele, "tem a ver com as formas e modos dos espetáculos de feira e com os temas das narrativas que vêm da literatura oral, em especial com os contos de medo e de mistério, com os relatos de terror".

Os melodramas eram destinados às classes populares, encenados em espaços a céu aberto. A maioria do público era iletrada e não buscava nas montagens a palavra, e sim ações e grandes paixões. Nascia aí o forte tom emocional que marcaria o melodrama e que estaria na gênese das telenovelas e de outros produtos da indústria cultural, como as músicas românticas dos "cantores bregas" e de Roberto Carlos. Seguindo a lógica desse pensamento de Martín-Barbero, os arranjos eloquentes, a voz embargada, o relato das paixões exacerbadas e as profundas dores amorosas presentes no repertório romântico formariam uma espécie de mediação da memória subjetiva e coletiva da cultura popular entre os artistas e seus consumidores. Ainda de acordo com o filósofo espanhol, essa ênfase nas emoções presente no melodrama é justamente o que o coloca ao lado do popular, já que, no mesmo momento em que este se configurava como gênero na Europa do século XVIII, a educação burguesa tendia a uma direção oposta, no estabelecimento da "ordem", na formação de uma cena privada, de controle dos sentimentos e economia dos gestos.

É possível estabelecer um paralelo entre a música popular feita no Brasil na segunda metade do século XX com os elementos introduzidos por Martín-Barbero. O melodrama de três séculos antes encontra ressonância no cancioneiro romântico popular tachado de brega. Já a economia da ordem e contenção dos sentimentos promovida pela emergente educação burguesa se assemelha ao processo de criação da bossa nova e sua consolidação como parâmetro de qualidade musical. Se os "espíritos cultivados" de 1790 viam no melodrama algo degradante, a crítica musical da década de 1970 enxergava da mesma forma o repertório dos cantores românticos. O parâmetro de qualidade era a bossa nova, com sua economia de recursos vocais, a poesia sofisticada e os cantores de performance minimalista. Algo mais próximo, portanto, do ideal burguês do que da estética popular.

A pesquisadora Silvia Cardoso vai além: segundo ela, o surgimento da bossa nova foi determinante para criar uma oposição entre "música romântica" e "qualidade musical". Justamente porque um dos objetivos da bossa nova era retirar os excessos passionais da canção romântica produzida no Brasil até o fim dos anos 1950. Em outras palavras, eliminar os "arroubos melodramáticos" da música popular nacional. Isso fez com que a crítica rechaçasse o cancioneiro romântico, tratando-o como gênero menor e estigmatizando o gosto do público que o consumia.

Isso ajuda a explicar a complexidade da obra de Roberto Carlos. Desde que abraçou a música romântica, na década de 1970, ele passou a ocupar uma posição fronteiriça entre o que se considera produção de boa qualidade (MPB e bossa nova) e de má qualidade (canções românticas massivas e o brega). Em dezenas de estudos sobre a música brasileira, o nome de Roberto aparece tanto relacionado à MPB quanto aos artistas ditos cafonas. Essa ambiguidade, que há ainda hoje, se reflete na forma como a imprensa analisava sua obra. Um exemplo interessante é a comparação entre as críticas dos álbuns lançados em 1975 e 1976, que tiveram produções razoavelmente diferentes.

O disco de 1975 traz na capa uma foto de Roberto sério, com o então inseparável cachimbo na boca. O repertório celebrava os dez anos de *Quero que vá tudo pro inferno*, com uma releitura atualizada de seu primeiro grande hit, além de novas parcerias com Erasmo (*O quintal do vizinho*, *Olha*, *Seu corpo*) e gravações de clássicos latino-americanos (*Inolvidable*,

El humahuaqueño) e de *Mucuripe*, parceria de Fagner e Belchior, lançada três anos antes por Elis Regina. A produção do disco contou com arranjos intimistas e sofisticados e foi, ao menos parcialmente, elogiada pelos críticos, como se vê no texto "Roberto Carlos pra quem curte", assinado por Flávio Marinho na revista *Manchete*, em dezembro daquele ano:

> *Quem acompanha sua carreira sabe que Roberto Carlos é – única e exclusivamente – um romântico. E quando se mete em incursões por outros gêneros, seja o misticismo ("Jesus Cristo", "A montanha"), a psicanálise ("Traumas", "O divã") ou tentando o gênero doméstico ("Quando as crianças saírem de férias"), o resultado está longe de ser bom. Para o seu LP de 1975, "Roberto Carlos" (CBS), ele felizmente resolveu deixar estas coisas de lado. Assim, à exceção de um sub-Over The Rainbow ("Além do horizonte") e da clicheria de "Amanheceu", de Benito di Paula, o disco se realiza plenamente – para quem curte os "boleros jovens" do Rei. O sangue latino do compositor e intérprete estão presentes em músicas como "Olha" ou "Seu corpo" e, por isso, não chega a ser surpreendente que as faixas mais marcantes e integradas à alma de Roberto sejam justamente "Inolvidable", de Julio Gutierrez, e "El humahuaqueño", de Zaldivar – cantadas em castellano. Vale, ainda, ressaltar a regravação, dez anos depois, de "Quero que vá tudo pro inferno" e a correta – e até certo ponto surpreendente – interpretação de "Mucuripe", de Fagner e Belchior.*

Nesse texto, a posição dúbia com que a música romântica é recebida pelos críticos se torna nítida. Logo no início, o autor afirma que Roberto Carlos é "única e exclusivamente" um cantor romântico, que não se sai bem em canções de outras temáticas, e celebra o repertório inteiramente amoroso do disco de 1975. Ao mesmo tempo, Flávio Marinho se refere a esse repertório como "boleros jovens", "sub-*Over The rainbow*" (uma comparação entre a música *Além do horizonte* e o clássico norte-americano interpretado por Judy Garland no filme *O Mágico de Oz*, de 1939) ou até "clicheria", em referência à composição de Benito di Paula – não à toa, um compositor associado, na época, ao repertório brega.

Por fim, o crítico deixa evidente o mecanismo de distinção citado por Bourdieu ao afirmar que o novo disco se realiza plenamente, mas "para quem curte" esse tipo de repertório, ideia também expressa no título do texto. Ou seja, ele aprova em certa medida o novo trabalho de Roberto Carlos, mas faz questão de ressaltar que não se inclui no grupo que curte o estilo do Rei.

Esses elementos se repetem de forma ainda mais evidente em uma crítica assinada por Sérgio Cabral no jornal *O Globo* no ano seguinte, intitulada "Uma volta (um retrocesso) à fotonovela". No disco lançado naquele ano, Roberto Carlos se encontrava no auge da afirmação romântica, reforçando sua face "cantor de motel": a capa o retrata de chapéu e paletó brancos, com uma flor vermelha na lapela, deitado em uma rede e com o olhar penetrante, no melhor estilo *latin lover* – bem diferente do disco anterior. Entre as canções, estão *Ilegal, imoral ou engorda, Os seus botões, Você em minha vida* e *O progresso*, que impulsionaram o disco a atingir a marca de um milhão de cópias vendidas, um recorde na carreira de Roberto até então.

A seguir, a crítica de Sérgio Cabral, publicada em 6 de dezembro de 1976:

O repertório selecionado por Roberto Carlos para o disco que acaba de lançar indica que as vendas do LP do ano passado não foram lá essas coisas. É o que se pode deduzir pela evidente recusa do cantor, abandonando as incursões pela música latino-americana e pelas canções tipo classe A, como "Mucuripe", de Fagner e Belchior.

Dessa vez, Roberto Carlos voltou firme ao clima em que melhor acertou comercialmente, o clima proporcionado por músicas tipo fotonovela, [...] histórias açucaradas de amor, como a da moça virgem que acreditou nas palavras do poeta conquistador, mas ele foi embora. [...] É claro que Roberto incluiu pelo menos uma letra "picante", como a de "Os seus botões", que fala em "lençóis macios" onde os "amantes se dão" etc.

Um ótimo cantor, sem dúvida, que deveria cantar coisas melhores. Disse "deveria" e já me arrependo, pois essa, certamente, não é a opinião das 500 mil pessoas que comprarão, mais uma vez, o seu disco. Tudo bem.

A crítica, desde o primeiro parágrafo, demarca a oposição entre repertório de qualidade e romântico, quando estabelece a distinção entre uma música "tipo classe A" e a música "tipo fotonovela". Cabral, inclusive, explica a diferença entre ambas: a primeira teria como representante *Mucuripe* e o cancioneiro latino-americano, presentes no disco de 1975. Isto é, um repertório mais ligado à seara da MPB ou à tradição musical. Já as canções "tipo fotonovela", segundo o crítico, seriam as "histórias açucaradas de amor", as composições românticas de apelo popular. Não à toa, ele cita como exemplo *A menina e o poeta*, incluída por Roberto Carlos no LP de 1976 e composta por Wando, um dos expoentes da música brega – mesma ressalva feita pelo crítico Flávio Marinho em 1975, ao caracterizar *Amanheceu*, de Benito di Paula, como "clicheria".

Um termo pejorativo usado por Sérgio Cabral chama a atenção em sua análise: "música tipo fotonovela", algo que já havia aparecido na crítica de Julio Hungria para o *Jornal do Brasil*, em 1971. As fotonovelas eram histórias contadas em quadrinhos, publicadas em revistas voltadas para o público feminino ou em jornais populares. Faziam muito sucesso e tinham como protagonistas atores e cantores. O próprio Roberto Carlos, no início da carreira, estrelou algumas na *Sétimo Céu* – a mais conhecida revista especializada neste formato – e no jornal *Notícias Populares*. Outros nomes da Jovem Guarda, como Jerry Adriani e Wanderley Cardoso, também participavam com frequência dessas publicações. Ou seja, eram dois universos que conversavam entre si, sobretudo por compartilhar o mesmo tipo de público.

A associação das "músicas açucaradas" às fotonovelas apontava, mais uma vez, para o desagrado da crítica. Isso porque as histórias das revistas retratavam justamente o amor romântico, as paixões exacerbadas e as desilusões presentes também nas letras dessas canções. O título da crítica do *Globo*, "Uma volta (um retrocesso) às fotonovelas", já vai direto ao assunto. Se o termo "volta" parece se referir a Roberto Carlos no início da carreira, a palavra "retrocesso", destacada entre parênteses, é uma evidente crítica negativa às canções românticas e resume uma expressão artística, massiva e popular como algo primitivo. A opção de Roberto pelas "músicas açucaradas" representaria um retrocesso, pois estaria associada a uma produção próxima do melodrama e de conteúdos culturais de origem popular.

No último parágrafo, ao mesmo tempo em que Sérgio Cabral elogia a voz de Roberto (mais contida, longe da interpretação potente adotada por outros cantores românticos, como Agnaldo Timóteo), repudia seu repertório (romântico e popular, mais próximo do melodrama entoado pelo mesmo Timóteo do que da sofisticação literária adotada por Chico Buarque, por exemplo). Essa dubiedade é o que torna a crítica à obra de Roberto Carlos mais complexa, distante tanto do completo desprezo dado aos cantores bregas, quanto da consagração oferecida à maioria dos artistas de MPB.

Por fim, o crítico sublinha a suposta divergência de sua opinião com as "500 mil pessoas" que iriam comprar o disco. Ao se incluir fora desse grupo numeroso, seu discurso estabelece a distinção entre o crítico, sujeito culto e dono de notável conhecimento, e o público consumidor, o povão, que atua mais uma vez no papel passivo, de mero consumidor. Cabral só não imaginava errar feio em sua previsão: o LP foi comprado pelo dobro de fãs de Roberto.

Em 1979, outro texto de relevância teve a assinatura do músico, escritor e ensaísta José Miguel Wisnik. Intitulado "O minuto e o milênio ou Por favor, professor, uma década de cada vez", o ensaio, publicado na coletânea *Anos 70*, busca analisar o cenário da música popular brasileira na década de 1970. Wisnik enfoca a figura do compositor popular no contexto da produção musical naqueles tempos, dando destaque às obras de Caetano Veloso e Chico Buarque. Em certo momento, ele avalia o impacto da música de Roberto e sua relação com a crítica musical do período:

A crítica não está preparada para falar de Roberto Carlos. Bate com diferentes intensidades na mesma tecla: cantor comercial. [...]
Esquece de pensar o oculto mais óbvio: que tipo de força o sustém no ar por tanto tempo. Por que ele?

Pedi à minha mulher que escrevesse sobre isso. Ela disse: voz poderosa, suave, louca, ele realiza melhor do que ninguém o desejo de um canto espontâneo, arranca matéria viva de si e entra em detalhes, [...] uma qualidade romântica, ingênua e vigorosa, que unifica a sem-gracice, o patético, a doçura, o lirismo que há em todos, e fica forte, quase indestrutível, pois soma anseios, ilusões, ideais que também pairam por aí, mais além, estranhos à realidade cotidiana de muitos. Roberto assim é catalisador, antena, receptor de uma emissora poderosa de ondas frequentes e persistentes de desejos reprimidos, aos quais dá nomes: substantivos simples, que compõem cenas visíveis, coisas palpáveis, que confortam inseguranças e pensamentos incompletos e dão matéria viva ao sonho.

Logo no início, Wisnik aborda a particularidade da relação de Roberto Carlos com a crítica musical, apontando para o que ele considera um "despreparo" por parte dos críticos. O argumento do autor é de que os jornalistas especializados dos anos 1970 rechaçavam Roberto por ele ser um "cantor comercial" e se esqueciam, assim, de "pensar o oculto mais óbvio", isto é, uma possível explicação mais subjetiva para seu contínuo sucesso.

Em seguida, para explicar essa questão, Wisnik pede que sua mulher escreva sobre o assunto e lista os argumentos apresentados por ela para justificar a grande popularidade do cantor. Este recurso chama a atenção e é exemplar da complexidade discursiva da crítica em torno de Roberto Carlos. O autor, ao mesmo tempo em que reivindica um olhar mais atento à obra de Roberto, distancia-se dessa análise mais aprofundada: tira o corpo fora e terceiriza para um personagem que chama de "minha mulher", deixando claro que ele próprio não está familiarizado com o universo artístico do cantor.

É a tal complexidade da obra de Roberto Carlos. José Miguel Wisnik considera sua carreira relevante o suficiente para destacá-la num ensaio que envolve toda a produção da década de 1970, mas ele próprio não se propõe a analisá-la. Assim, a inclusão dos argumentos de sua mulher denota não só um mecanismo de distanciamento do autor em relação a Roberto, mas a diferença com que o cantor era tratado em relação aos outros artistas da MPB. Enquanto ele exalta a relevância cultural de nomes como Caetano Veloso por seu talento artístico ou por sua perspicácia em driblar a censura, Wisnik não se julga capaz de compreender o permanente sucesso de Roberto Carlos.

O texto de Wisnik ganhou destaque em um ensaio publicado por Silviano Santiago em 1998, intitulado "Democratização no Brasil – 1979-1981 (Cultura versus Arte)". Nesse trabalho, Santiago elogia a análise por ser, de acordo com ele, "a primeira leitura simpática e favorável do cantor Roberto Carlos". Mas afirma que o autor caiu em uma "armadilha de gênero" ao ter de se travestir na figura de sua mulher para falar da obra de Roberto. Para Santiago, Wisnik se utilizou do recurso por se sentir incapaz, como homem, de analisar profundamente o impacto de um cantor comercial e romântico.

Em 2005, numa reedição comemorativa do livro *Anos 70*, José Miguel Wisnik rebateu a crítica feita por Silviano Santiago em um comentário anexo ao seu texto original de 1979. Ele considera "surpreendentemente inocente" que Santiago tenha levado ao pé da letra seu pedido de ajuda a sua mulher e ressalta que seu texto "é todo escrito, desde o título, em vozes múltiplas: ele passa pelo registro da dissertação acadêmica, pela paródia do jargão jornalístico, pela glosa do slogan político deslocado, por uma espécie de fluxo-da-consciência crítica insone, pelas barbas e rebarbas da linguagem poética, etc". Por fim, explica que o recurso de dar voz às ideias de sua mulher não é um rebaixamento de gênero, mas uma reivindicação de sua liberdade criativa. E conclui: "Quando passo a palavra a 'minha mulher' não é porque não posso (escrever sobre cultura de massas), mas porque posso (passar a voz a outro). E porque posso travestir-me gozosamente em minha mulher".

A polêmica comprova não só a dificuldade de analisar uma obra de penetração popular tão profunda quanto a de Roberto Carlos, como as muitas possibilidades interpretativas do crítico especializado.

CADERNO 2
TRONO
ROBERTO CORTA

gle Bells, Jingle Bells! Papai-Noel
stá chegando com o saco cheio de
discos de Roberto Carlos. O
gésimo-oitavo LP do Rei dá sono.
Tem um hino apocalíptico e um
amba gastoso chamado Nêga, o
é pura dor de cotovelo, solidão e
mar de chavões. Antes das lojas
em, hoje cedo, Roberto Carlos já
vendeu 3,5 milhões de cópias

Alberto Villas

Adivinhe qual é a capa de 1988?

968, Roberto Carlos, na época o Rei
Juventude, estourou nas paradas de
com uma música chamada *Se Você*
la dizia assim: "Acho bom saber de
comigo vai ter que mudar/daqui pra
do vai ser diferente..." É claro que
estava dando uma dura no seu amor
sua obra. Uma pena.
foi a partir daí, ainda, que Roberto
meçou a ser igual. Na década de 60,
a variava de um rock ingênuo (*Na-
de um Amigo Meu*) a uma valsinha
Imenso Amor). Ia do rock-
omba) à balada (*Olho

acorda. Tem até vontade de sacudir as cadeiras, apesar de uma certa timidez de Roberto
em cair no samba pra valer. Mas confesso que
é um sambinha gostoso: "Fiquei o tempo
todo/Olhando o sorriso dela/Aquele seu ba-
lanço/E toda beleza dela/Juntei o meu cari-
nho/Com o chamego dela/Gosto dela".

A partir daí, é inacreditável. São baladas
e mais baladas e mais baladas. Um verdadeiro
muro das lamentações. Veja só os nomes de
músicas: *Do Fundo do Meu*
Amor Perfeito, Quando
Eu Sem Você,
Viver

O CONTINUÍSMO MUSICAL DE ROBERTO CARLOS

E meu 26º Lp, como os 20
anteriores lançados à beira do
Natal, Roberto Carlos continua o mesmo. Para conforto
de seu público e de crítica, que
2 milhões de compradores lamentam
para descontento da crítica, que abre
a tímidíssima artística de um espirituoso
continuísmo em seu trono.

Até a promessa de abertura do arranjo um pouco mais jazzístico de Edson
Frederico em *Perdoa*, no LP anterior, foi
revogada. O novo disco de som sempre
acentuando na capa a cor azul favorita
do Rei, é de uma impenetrável ortodo-
xia de Roberto Carlos puro, comovendo
em toneladas de violinos.

A presença de Lincoln Olivetti, uma
tardia descoberta, em três faixas, uma
das quais como co-autor, não dura muito
abusivamente para a carranca principal
do cantor. Arranjador disciplinado,
costumado a trabalhar a partir de fre-
gos, Olivetti em suas intervenções lima
pequenas variações de andamentos, co-
bre e sublinhar a sintrise do Rei. Com
repertório tão usual, encerra o lado A.
as de seus últimos discos, *Luz Nova,*
Sabores, Eu Me Mesmo Dou, Luz Nova,
Eu e Ela. Uma velha versão de Lourival
Faissal, da rádio Nacional, para *Love*
Letters, de Victor Young, traduzida no
pé da letra *Cartas de Amor*, mostra

que Roberto Carlos aproxima-se cada
vez mais de vestir o manto de um poeta-
viável Johnny Mathis brasileiro.

O lote deste LP não estudos da
considerável desde LP não inclui músicos
Sigla no Rio e de (da guitarra de Manassés ao
brasileiros (da de Lô Gandelsman), em núme-
sax-alto de Lô outras vezes, também
não obscuro na resumido final. Arranjos
ou Artie Butler, Charles Caletto ou
Eduardo Lages e Chiquinho de Moraes
na natural de Lennon & McCartney pode
causar certo frisson. *A audição de* Eu Te
(Eu Te Amo, versão do próprio Roberto
para *And I Love Her*, versão dos
salão. No Lp A Hard Day's Night, dos
Beatles, ora prosaico bolero quebrava, na
rocha peada de baladas do tribal dos
muito carrancudo, o encadeamento da
Roberto Carlos, And I
Love Her dilui-se na planície de baladas

Em *Aleluia*, da dupla Roberto e
Erasmo, a canção religiosa do disco
(como as anteriores *Jesus Cristo, A
Montanha, Fé, Ele Está pra Chegar*), o
desafinar mais sentido. A banalidade
melódica mais o ritmo engessado do
uníssono deixam Roberto Carlos
mais próximo de Tim Tones, o carica-
tural pastor charlatão de Chico Anísio, do
que si. E de

Se a assinatura
de John
Lennon &
Paul
McCartney
pode causar
certo frisson,
a audição da
faixa (Eu Te
Amo, versão
do próprio
Roberto para
And I Love
Her) elimina
o
sobressalto...
Dilui-se na
planície de
baladas do LP

FOLHA DE S. PAULO

oberto Carlos troca a ecologia
r flerte com a canção engajada

MEN FOSCHINI

do ano passado.

Gravado entre setembro e outubro
Natal da virada nos estúdios Cherokee, da A&M
o novo disco de Records (Los Angeles), Sigma
hega hoje às lojas mixado nos EUA, o disco traz uma
sagrado de lençóis, "overdose" de dor-de-cotovelo. Em
tismo, mas com dez músicas, sete choram a partida
mensagem mime- ou a amada ou fazem planos para um
um castelo ou de caso de desistência no romance.
e alguém com o Destacam-se entre os músicos os
ro nessa disputa/ brasileiros radicados nos Estados
/ O respeito por Unidos Paulinho da Costa (percus-
o que ele quer",- são) e Oscar Castro Neves (violão).
"Todo Mundo E "Se Você E Vai Não Pensa Mais
retração sofrida em Mim", uma "fax" com "telex" e
fonográfico, o balada, begemônica no melhor estilo

colcha de lugares-comuns confecci-
onada em "Como as Ondas do Mar"
("Se eu fosse você meu amor/ Como
alguém já falou/ Eu voltava pra
mim"). "Se Você Se Vai", sambinha
de refrão gostoso, encerra o lado A.
Roberto "Brasa" e Erasmo
"Tremendão" rejuvenescem a Jovem Guarda com uma versão coun-
try de "Faroeste Caboclo" (hit do
Legião Urbana), a saga do
candango traficante é substituída,
em "Pápo de Esquina", pela saga de
duas morenas igualmente tentado-
ras. "Eu Sem Você" faz suspeitar da
estabilidade do casamento de Ro-

sei /Que só através do amor/ O
homem pode se encontrar/ Com a
perfeição dos sábios/ Uma ambição
maior/ Do que pode supor/ Toda vã
filosofia".

Carlos Gardel permite ao "rei"
ser sublime por alguns instantes do
tango "Volver", a também infalível
faixa dirigida ao mercado latino-americano. Roberto Carlos substitui
o tema ecológico pelo engajado, a
canção cristã pela redenção pelo
amor, manteve a parceria com Erasmo,
centando mais o romantismo acres-
antecipou a dor-de-cotovelo, e

★★★★☆

O REINADO DOS ANOS 80

"EU SOU AQUELE AMANTE À MODA ANTIGA"

Se na década de 1970 Roberto Carlos se consolidou como grande cantor romântico, na de 1980 ele já era o "Rei" da música brasileira. Para a crítica musical, contudo, o período marcaria o início de uma decadência em seu repertório, que parecia apenas repetir uma fórmula que vinha dando certo.

Em primeiro lugar, sua rotina anual permaneceu inalterada: a estreia do novo show no Canecão, o disco em dezembro (sempre autointitulado e com capas muito semelhantes entre si) e o especial de Natal da Rede Globo, cada vez mais aguardado pelo público. Além disso, segundo o biógrafo Paulo César de Araújo, foi a partir de 1981 que Roberto iniciou a sua "fase apostólica", quando se tornou católico praticante e passou a incluir em seus álbuns ao menos uma música de cunho religioso. Canções com essa temática já apareciam no seu repertório desde a década anterior, como *Jesus Cristo* (1970), *A montanha* (1972) e *Fé* (1978). Mas a partir de 1980 Roberto adotou um tom missionário e de exaltação à fé católica. Gravou *Ele está pra chegar* (1981), *Pensamentos* (1982), *Estou aqui* (1983), *Aleluia* (1984), *Paz na Terra* (1985) e outras.

Ao mesmo tempo, passou a defender – publicamente e em suas canções – pautas conservadoras, como a proibição no Brasil do filme *Je vous salue, Marie*, de Jean-Luc Godard, em 1986, cuja trama gerou revolta por retratar a história dos pais de Jesus Cristo, José e Maria, como um drama contemporâneo. Nesse mesmo ano, ele lançou em seu disco anual a canção

Apocalipse, em que condena, em tom profético, o uso de drogas e a legalização do aborto: "*Perto do fim do mundo/ Drogas no mar sem porto/ A violência o crime/ Na aprovação do aborto*".

No ano seguinte, voltou ao tema das drogas em *O careta*, em que celebra a beleza de uma vida baseada na sobriedade: "*Meu grande barato é o cheiro da brisa do mar/ Me ligo na onda do rádio do meu coração/ Viajo na luz das estrelas/ Me sinto feliz só de vê-las/ E fico contente de ser/ Esse grande careta*". Essa música acabaria sendo cortada das reedições posteriores do álbum de 1987, depois que Roberto foi condenado por plágio em 2003, após anos de batalha judicial por um processo movido pelo compositor Sebastião Braga, que o acusou de ter copiado a melodia de sua música *Loucuras de amor*, lançada três anos antes.

O fato é que se em 1965 o jovem Roberto causava revolta na Igreja ao mandar tudo para o inferno, 22 anos depois ele compartilhava da mesma indignação da comunidade cristã em relação às atitudes libertárias e transgressoras adotadas pelos jovens roqueiros de então, como Lobão, Cazuza e Arnaldo Antunes.

Mas se algo permaneceu estável ao longo da década de 1980 – e até hoje – foi a vocação de Roberto Carlos para a canção romântica. São desse período clássicos como *Amante à moda antiga* (1980), *Eu preciso de você* (1981), *Fera ferida* (1982), *Você não sabe* (1983), *Do fundo do meu coração* (1986), *Se diverte e já não pensa em mim* (1988) e tantos outros.

Também não mudou muito sua relação com a crítica. Roberto, para os jornalistas especializados, continuava na linha tênue entre o bom e o mau gosto. Em uma resenha sobre o álbum de 1983, publicada em 9 de dezembro na *Folha de S. Paulo*, Dirceu Soares foge do tom com que Roberto costumava ser tratado na imprensa e rasga elogios ao novo disco, marcado pelos sucessos *Você não sabe* e *O côncavo e o convexo*. Ele aprova o novo trabalho com louvor, diz que é difícil escolher uma faixa preferida e termina com uma conclusão categórica: "Roberto Carlos continua genial":

O disco está muito bonito. Capricho, todos eles tiveram. Mas este novo conseguiu ser mais apurado ainda. O lado romântico-suave domina quase todas as faixas e atinge o máximo em "Você não sabe", uma quase modinha, onde o tom superintimista de Roberto é um verdadeiro encanto. Sua perfeição como intérprete se revela aí com toda a maturidade, nos proporcionando, sem dúvida, um dos melhores momentos de toda a discografia nacional dos últimos anos. Este, aliás, é o forte de Roberto: ele sabe transmitir emoções.

Apesar de aprovação tão enfática, o crítico faz uma pequena ressalva ao comentar a música de temática religiosa daquele ano, *Estou aqui*:

Curiosamente, é na faixa mística que Roberto deixa passar um pecado do arranjador: no final da faixa, a marcação da balada-canção fica muito solta e o resultado é um verdadeiro "cha-cum-dum", comum aos chamados "bregas" da vida.

O crítico mostra não se importar com o romantismo carregado de emoção de Roberto. Ao contrário, considera isso uma grande virtude do compositor e exalta os arranjos suaves e intimistas de faixas como *Você não sabe*. Mas a transgressão ao bom gosto seria, em suas palavras, o "cha-cum-dum", comum aos artistas populares que faziam sucesso naquele momento. E cruzar essa fronteira, segundo ele, consistiria num pecado, ao qual o Rei não deveria se sujeitar.

No disco de 1987 Roberto não encontrou boa vontade na mesma *Folha de S. Paulo*, desta vez na crítica de Carlos Calado, publicada em 15 de dezembro:

O problema [da música Tô chutando lata] vem na voz do "rei", sem falar na letra. A dupla romântica se permite alguns excessos poéticos, como no refrão: "Tô chutando lata/ Vem ficar comigo/ Tô chutando lata/ Tô à toa". Cantando versos mais informais no mesmo tom choroso que emprega nas baladas, o "brasa" acaba esfriando o suingado arranjo, que poderia ficar mais leve ou bem-humorado. Devia pelo menos ter ouvido um pouco de Tim Maia.

Em outro trecho, ele vai mais longe e ironiza:

Se já tivessem inventado um medidor de breguice, a faixa "Aventuras", dos irmãos Antônio e Mario Marcos, atingiria grau máximo. A linha geral é a de "amor e cavalgadas noturnas". O refrão é surpreendente: "Aventuras, lindos sonhos que motivam/ Esse nosso amor".

A comparação dessas duas críticas da *Folha* mostra mais uma vez a complexidade da canção romântica no repertório de Roberto Carlos, alternando um status de prestígio, por conta de arranjos sofisticados, com uma caracterização pejorativa de aproximação com o brega. Os dois críticos têm visões opostas sobre a obra de Roberto. Dirceu Soares gosta dos discos, considera sua voz perfeita e se encanta com a emoção transmitida nas canções românticas. Carlos Calado é ácido em relação às letras e classifica a interpretação de Roberto como chorosa, excessiva e, por vezes, inadequada. No entanto, ambos concordam que a "breguice", seja nas "letras açucaradas" ou nos arranjos tipo "cha-cum-dum", prejudica a obra do Rei.

O posicionamento dúbio que Roberto Carlos ocupa no cenário da música brasileira parece ainda mais claro em um texto publicado por Zuza Homem de Mello no jornal *O Estado de S. Paulo* em 10 de dezembro de 1981, na ocasião do lançamento do disco daquele ano – hoje em dia considerado antológico, por reunir clássicos como *Emoções*, *Cama e mesa*, *As baleias*, *Tudo para* e *Eu preciso de você*. Com o título "Roberto Carlos: um cantor prisioneiro do compositor", Zuza defende a tese de que existem dois Robertos diferentes. A seguir, alguns trechos:

Antes de mais nada, é bom lembrar que há dois Roberto Carlos. O primeiro é o cantor querido e admirado em todo o Brasil, além de boa parte da América Latina. [...]

É um artista de primeira grandeza na história da Música Popular Brasileira, um cantor que emociona, que sabe descobrir o segredo de uma canção e cantá-la sem o menor esforço, independente de suas dificuldades pouco aparentes, realizando gravações definitivas impregnadas de ardente simplicidade. [...]

O outro Roberto, o compositor e zelador pela carreira do cantor, tem tido, nesses quase 20 anos de carreira profissional, alguns lances surpreendentes, mas a atitude genérica está sempre visando manter seguro o sucesso do primeiro, protegendo-o sempre com muita antecedência de qualquer possível surpresa. Nada de arriscar-se, experimentando fórmulas não testadas, nada de cair na tentação de ceder aos que investem contra a qualidade de sua obra. [...]

O cantor está virando um prisioneiro do zelador/compositor, e, embora o segundo assegure com seu domínio o pique de vendas e de execução do primeiro, a Música Popular Brasileira está perdendo, a cada dia, momentos irrecuperáveis de um artista fenomenal.

Se desde os anos 1960 a classe intelectual elogiou o Roberto intérprete em detrimento do Roberto compositor, Zuza Homem de Mello vai além e divide os dois, não como facetas diferentes de um mesmo artista, mas como sujeitos independentes e opostos – inclusive colocando um como espécie de algoz do outro.

Para o crítico, se o Roberto intérprete é "um artista de primeira grandeza na história da Música Popular Brasileira" por seu timbre seguro e moderno, o compositor é conservador e óbvio. Interessante notar que, diferentemente do que ocorria nas críticas de anos anteriores, em seu texto Zuza utiliza como argumento dessa limitação o apego de Roberto à repetição de uma fórmula ou modelo, presente em todos os seus trabalhos. Depois de uma década como cantor romântico, ele soava desgastado para parte da crítica. Muitos anos depois, em 2014, Zuza reforçaria a ideia em um comentário sobre esse texto, republicado no livro *Música com Z*: "Cada matéria [sobre Roberto Carlos] me custava muito para descobrir o que de novo havia, sem remeter ao que já escrevera no ano anterior. A começar pelas capas, praticamente iguais em azul".

A repetição de uma fórmula é o que define a tônica da crítica musical em relação a Roberto Carlos a partir da década de 1980. Quase todas as resenhas dos seus novos álbuns reiteram isso de forma veemente. Assim, parafraseando o texto já mencionado de José Miguel Wisnik, se ao longo das décadas de 1960 e 1970 a crítica batia sempre na mesma tecla do comercialismo, a partir de 1980 o alvo seria a repetição de sua obra, como reforçou Tárik de Souza em sua análise sobre o álbum de 1984, publicada no *Jornal do Brasil*. Aliás, Tárik, como Paulo César de Araújo destaca no livro *O réu e o rei*, tornou-se a partir dos anos 1960 "o principal opositor de Roberto Carlos na mídia", escrevendo anualmente críticas negativas sobre seus discos. E foi o que ele fez mais uma vez em 25 de novembro no texto "O continuísmo musical de Roberto Carlos":

> *Em seu 26º LP, como os 20 anteriores lançados à beira do Natal, Roberto Carlos continua o mesmo. Para conforto de seu público cativo, que gira em torno de 2 milhões de compradores anuais. E para desconsolo da crítica, que lamenta a timidez artística de um soberano tão confirmado em seu trono.*
>
> *Até a promessa de uma abertura no arranjo um pouco mais jazzístico de Edson Frederico em "Perdoa", no LP anterior, foi revogada. O novo disco, como sempre acentuando na capa a cor azul favorita do Rei, é de uma impenetrável ortodoxia. Roberto Carlos puro, entristecido em toneladas de violino. [...]*
>
> *A única variante a que se permite este repertório estratificado acaba sendo a música sertaneja. Atento a este mercado crescente que fez fortunas de ex-companheiros seus da Jovem Guarda, como Sérgio Reis, Roberto trilha esse atalho em "Caminhoneiro". É uma balada estradeira com um leve tratamento country, aberta por um assobio e, mais adiante, ponteada por uma gaitinha. As rimas vulgares de "Coração", por exemplo ("dor" e "amor", "coração" e "canção", "iguais" e "mais"), cedem aqui a versos um pouco mais trabalhados: "Quando chove o limpador deslisa/ vai e vem no para-brisa/ bate igual meu coração". [...] Pouco, para quem acabou de ouvir "Velô", o último de Caetano. Mas*

quase uma obra-prima, caso comparada à indigência poética de "Lua Nova", da mesma dupla Roberto/Erasmo, faixas atrás, onde se ouviu "zona sul" retinir com "vestido azul"; e "lua" não encontrar melhor rima do que "rua". [...] Mas o crítico, como se sabe, observa com ouvidos excessivamente atentos o que a muitos pode passar despercebido; mera "muzak" de elevador ou consultório dentista. Ao menos há um traço democrático nessa discordância. E o Colégio Eleitoral, que reelege a todo ano o Rei Roberto, compra seus votos, no melhor sentido da expressão. Aguardemos, pois, o veredito da caixa registradora. Para os ouvidos menos redundantes, entretanto, o novo LP de Roberto Carlos é um primor de continuísmo.

A falta de inovação em seus discos era, desde o título, o tema principal do texto. Curioso observar também que a única faixa a merecer uma observação mais elogiosa por parte de Tárik é *Caminhoneiro*. Essa música foi (e é até hoje) constantemente utilizada pela crítica musical como exemplo de mau gosto ou cafonice no repertório de Roberto. Em 1984, contudo, ela chamou a atenção justamente por ser a faixa mais inovadora ou diferente do álbum, o que reforça a importância que os jornalistas especializados passaram a dar a qualquer novidade apresentada pelo cantor.

Na já mencionada resenha assinada por Carlos Calado na *Folha de S. Paulo* em 1987, o continuísmo também ganhou destaque logo na introdução do seu texto:

Quando os perus de Natal se preparam para saltar dos freezers rumo às ceias de fim de ano, quase dois milhões de brasileiros compram (ou recebem) o infalível presente: o LP anual de Roberto Carlos. O de 87, que chega hoje às lojas de todo o país com um atraso de dez dias (segundo a CBS devido a problemas com a agenda de shows do cantor, mesmo assim a gravadora acredita que até o Natal 1,5 milhão de cópias já terão sido vendidas), leva como sempre o nome de seu astro. A capa traz de novo apenas uma foto do cantor, com a inevitável roupa branca (superstição ou clima de réveillon?). O ritual se repete. Novidades substanciais em alguma das dez faixas, nem pensar. No máximo, "O careta", que abre o lado dois, onde a dupla Roberto e Erasmo se une à atual onda de moralismo, com uma letra antidrogas indignada. Quem imaginaria que os rebeldes da jovem guarda acabariam como guardiões da moral?

Mas é num texto de Alberto Villas publicado no *Estado de S. Paulo* em 20 de dezembro de 1986, intitulado "Roberto corta essa", que a cobrança por inovação se torna ainda mais explícita:

Em 1968, Roberto Carlos, na época o Rei da Juventude, estourou nas paradas de sucesso com uma música chamada "Se você pensa". Ela diz assim: "Acho bom saber que pra ficar comigo vai ter que mudar/ daqui pra frente/ tudo vai ser diferente...". É claro que Roberto estava dando uma dura no seu amor e não na sua obra. Uma pena. Não foi a partir daí, ainda, que Roberto Carlos começou a ser igual. [...]

Foi a partir de 1980 que Roberto Carlos começou a insistir, com obsessão, no igual. Vestiu azul e passou a trabalhar em cima dos mesmos dados. Tipo daqui pra frente nada se muda, tudo se transforma. O seu vigésimo oitavo disco que está chegando às lojas prova isso. O LP chama-se simplesmente "Roberto Carlos", ele está vestido de azul, o seu nome aparece escrito no alto, à esquerda, as letras das músicas (em azul) estão impressas no interior da capa dupla e por aí vai. O pior está no vinil e vocês vão saber por que. [...]

Se você pular todas as outras músicas do lado 1 e colocar na primeira faixa do lado 2, vai encontrar a grande vedete do novo álbum do rei: "Nega". Um samba/pagode apenas gostosinho, mas que no meio de tanta palidez acaba virando uma mulata estonteante. Quando "Nega" começa a girar na vitrola, a gente acorda. Tem até vontade de sacudir as cadeiras, apesar de uma certa timidez de Roberto em cair no samba pra valer. Mas confesso que é um sambinha gostoso. [...]

A partir daí, é inacreditável. São baladas e mais baladas e mais baladas. Um verdadeiro muro das lamentações. [...]

Quando a gente acaba de ouvir uma, duas, três vezes o disco novo de Roberto Carlos, tem a sensação de que ele abandonou o mundo. Trancou-se num apartamento e vive em torno de si. E de um amor perdido, ou não. E só. Roberto que já correu a 100, 120, 140 quilômetros por hora nas curvas da estrada de Santos, que já ficou sentado à beira do caminho, já mandou tudo para o inferno, já cavalgou e que já gostou da namoradinha de um amigo dele, francamente *perdeu o gás. Acho que não é questão de cobrar do rei um punk-rock raivoso ou um reggae de rachar. Mas, Roberto, será que ainda somos os mesmos e vivemos como nossos pais?*

Alberto Villas escancara o que todos os outros críticos do período já insinuavam: a ideia de que foi a partir dos anos 1980 que Roberto Carlos "perdeu o gás" e passou a insistir no "igual". E é esse o argumento que percorre todo o texto, criticando o continuísmo tanto do estilo das músicas quanto do projeto gráfico do LP. Villas reclama do excesso de "baladas pálidas" e, assim como Tárik de Souza fez em 1984 com *Caminhoneiro*, abre uma exceção para *Nega*, não exatamente por seu valor artístico (um samba "apenas gostosinho"), mas por ser a música mais diferente do disco.

Em uma entrevista concedida ao *Estado de S. Paulo* em 9 de dezembro de 1988, por conta do lançamento do seu álbum anual, o próprio Roberto Carlos se defendeu da acusação de uma suposta redundância artística em sua obra: "Nenhuma de minhas músicas é igual a outra. Sou um cantor romântico, tenho um padrão e um estilo e sou fiel a eles. Não esperem de mim nenhuma loucura. Não vou cantar heavy metal. Seria algo como James Taylor cantando samba partido-alto".

Mas o Rei parece não ter convencido os críticos. Da década de 1990 em diante, o argumento da repetição de uma fórmula seguiria como o tema principal de quase todos os textos sobre seus álbuns.

Bethânia se declara a Roberto

Cantora rompe [es]quema e fala ao [G]LOBO sobre disco

MAURO FERREIRA

[M]aria Bethânia tinha recebido [rec]omendações de sua gravado[ra] para não sair muito de casa. [I]sso para que a cantora não fos[se] assediada e acabasse comen[tan]do o disco "As canções que [voc]ê fez para mim", que chega [às] lojas amanhã. Tais cuidados [aca]baram sendo infrutíferos. Na [noi]te de segunda-feira, Bethânia [falo]u com exclusividade ao GLO[BO] sobre o álbum em que regra[va 1]1 músicas de Roberto Carlos, [com] arranjos de Jaime Além e a [par]ticipação do pianista João [Car]los Assis Brasil na faixa

que um cineasta amigo meu [di]zia: "o Roberto sempre dá [em] qualquer galho" — brinca [Be]thânia.

A cantora tem toda a obra [de] Roberto Carlos e, recenteme[nte] trocou sua coleção de LPs [por] CDs. Foi ela quem, nos anos [60,] chamou a atenção de Caet[ano] Veloso para a Jovem Guarda.

— Lembro que via muit[o o] programa da Jovem Guarda [e] me identifico com Roberto. [Ele] tem canções inesquecíveis. [Para] mim, é natural cantar Rob[erto] Carlos. Eu sempre [canto nos] meus shows

Maria Bethânia: "As canções de Ro[berto...]

Um rei sem recessão

Inéditos de Jorge Guinle
Exposição mostra telas e objetos do pintor

Nas lojas, [1] milhão

JORNAL DO BRASIL

Rio de Janeiro — Terça-feira, 8 de dezembro de 1992

Um milhão de pedidos antecipados: Roberto Carlos chega às lojas

TÁRIK DE SOUZA

MAIOR vendedor de discos do país em todos os tempos, com cerca de 60 milhões de compradores em pouco mais de 30 anos de carreira, Roberto mudou seu eixo de atuação. Do Botafogo, para o Flamengo, no México, onde ele estima passar, no próximo dia 17 para uma temporada até 10 de janeiro, com pulso inicial", analisa Verter Bruner, da Sony Music, gravadora do cantor desde os tempos em que a empresa tinha o selo Columbia.

As previsões deste ano não são melhores na medida da recuperação econômica do país. O próprio Roberto acredita nessa direção. De 78, 80, 100 milhões deram a Roberto Carlos acesso fundo na direção do mercado brasileiro que, no pé de largada, amanhã vai todas as lojas do país, sai com 1 milhão de pedidos antecipados. O Rei chega à seu público agora e também pro corrido em sua maiores hits (entre eles, *Emoções*, *Detalhes*, *Proposta*, *O portão*, *Cavalgada* e *Café da manhã*), que é oferecido aos formatos fita, CD e LP. Mais de 250 mil peças já foram entregues através do novo serviço.

E em março tem mais: uma caixa luxuosa com quatro CDs e folheto, nos moldes das revoadas da obra dos *megasellers* lá de fora, também desembarca no pedaço. Mesmo no fundo do poço da recessão, o disco do ano passado *Pergunte ao autor*, uma bilheteria foi só para trocar os bolsas..."

Entre a dor-de-cotovelo e o erotismo

MAIS uma goleada. *Dor-Erótica 7 x 2* Cantada em honra do Populismo Másico, na faixa *Herói calado*. Ainda de temas do disco anual de Roberto Carlos deu uma vitamina no drible do corpo, o Rei do álbum o eixo estilístico do mas sem aderir, para evitar desgastes da *unanimidade*, ao repertório atual, com certo atraso em relação ao estouro do *nuevo look* pós-guarda da chorar, que abrigou até o Trio Los Panchos.

O refrão da música em castelhano não é o único acesso ao disco ao mercado latino. A balada triste *Una en un millón*, lentíssima, embalançada por violinos, não tem uma palavra sequer em português. E a saidinha...

CANÇÕES [DE] [R]OBERTO [V]ESTIDAS À [M]ANEIRA DE WALDIK

[A]CABA de sair o disco mais delicio[sa]mente cafona do ano, um disco que os [críti]cos sérios de música brasileira de[vem achar] um horror, talvez o pior do [ano....] Roberto Carlos.

★★★★★☆

OS ANOS 90

"EU VOLTEI, AGORA PRA FICAR"

No início dos anos 1990, além de ser cobrado por inovações, Roberto Carlos viu sua relação com a crítica musical sofrer uma virada. Embora os álbuns anuais do Rei continuassem avaliados de maneira predominantemente negativa, a imprensa atualizou sua percepção a respeito da obra pregressa do cantor, tratando muitas vezes como "clássicos da MPB" ou "obras-primas" os discos do período da Jovem Guarda. Aqueles mesmos LPs que, à época de seu lançamento, foram rechaçados ou passaram despercebidos pelo crivo dos jornalistas especializados.

Essa mudança no discurso, claro, não foi gratuita. Estava relacionada a algumas novidades surgidas sobretudo na primeira metade da década. Uma das mais importantes delas foi o álbum *As canções que você fez pra mim*, em que Maria Bethânia interpreta a obra de Roberto e Erasmo Carlos. Também contribuíram para esse olhar amistoso da crítica a série de discos *O melhor da Jovem Guarda*, lançada entre 1992 e 1993, e a coletânea *The master*, que em 1994 reeditou parte da discografia de Roberto Carlos em CDs remasterizados.

As canções que você fez pra mim, o álbum de Bethânia com músicas do Rei e do Tremendão (embora todas tenham sido lançadas originalmente por Roberto), trouxe a cantora novamente ao topo das paradas de sucesso, além de promover uma revalorização do repertório de Roberto Carlos produzido entre o fim da década de 1960 e meados da de 1970.

O disco, lançado pela PolyGram em 1993, foi um dos mais vendidos de toda a carreira de Bethânia e teve grande repercussão nas rádios, especialmente depois que a faixa *Fera ferida* virou tema de abertura da novela homônima exibida pela Rede Globo a partir de novembro daquele ano.

Maria Bethânia, no entanto, não foi a primeira cantora de prestígio da MPB a gravar um disco com as canções de Roberto e Erasmo. O pioneirismo ficou por conta de Nara Leão, que em 1978 lançou o LP "*...E que tudo mais vá pro inferno*". Provocativo desde o título, o álbum surpreendeu muita gente, já que Nara, naquele momento, era uma das figuras mais emblemáticas da bossa nova e tinha em seu currículo gravações antológicas de clássicos do gênero ou de sambistas do morro como Zé Keti e João do Vale, que ela ajudou a valorizar com o espetáculo *Opinião*, dirigido por Augusto Boal – curiosamente, o mesmo que marcou a estreia de Bethânia no Rio de Janeiro, em 1965.

Em 1978, Roberto já havia sido gravado por grandes cantoras, como Gal Costa, Maysa, Elis Regina e Sylvinha Telles, mas jamais ganhara um disco inteiro de tributo como esse de Nara Leão. Sempre irreverente, a então "musa da Bossa Nova" escolheu registrar não só os hits já consagrados, mas composições então ainda muito recentes e pouco apreciadas pela classe intelectual, como *Cavalgada*, *Proposta*, *A cigana* e *O divã*.

Paulo César de Araújo destaca a importância dessas gravações no livro *O réu e o rei*: "Num momento em que Roberto tinha altíssima popularidade, mas estava com pouco prestígio entre as elites culturais do país, o aval de Nara Leão ajudou a quebrar resistências. Agora, não se tratava apenas do respaldo de um 'zé-ninguém' ou de milhões de 'zé-ninguéns', mas da opinião de Nara, musa da Bossa Nova e da canção de protesto no Brasil, cantora reconhecida como uma das mais influentes e inteligentes da nossa música".

E assim como sucedeu a Nara no espetáculo *Opinião*, Maria Bethânia também gravou um disco exclusivamente com canções de Roberto e Erasmo Carlos. A diferença é que enquanto Nara ajudou a dar mais prestígio para o que Roberto produzia em 1978, Bethânia fez com que a crítica se voltasse com olhos mais generosos para a obra do início da carreira do cantor.

As canções que você fez pra mim não foi a primeira vez em que as trajetórias da baiana e do Rei se cruzaram. Em 1971, Bethânia registrou no disco *A tua presença* a música *Jesus Cristo*, à época envolvida em uma série de polêmicas com a Igreja Católica por tratar da figura de Jesus em ritmo de black music. Em 1976, no LP *Pássaro da manhã*, ela fez sucesso com uma nova versão de *Um jeito estúpido de te amar*, dos compositores Isolda e Milton Carlos, lançada um ano antes por Roberto. Em 1978, em um show com Caetano Veloso, a cantora interpretou *Falando sério*, de Maurício Duboc e Carlos Colla, faixa do disco de Roberto de 1977. Na década seguinte, em 1982, Bethânia foi a convidada especial (e rara) de Roberto Carlos em uma das músicas de seu LP daquele ano: *Amiga*, dueto em que um homem consola a amiga que não superou o término de uma relação amorosa: "*Amigo, eu te agradeço por sofrer comigo/ Eu tento me livrar, mas não consigo/ De tudo que esse cara foi pra mim...*".

Mais do que familiarizada com as músicas de Roberto Carlos, Bethânia teve grande responsabilidade nas ações que tornaram a imagem do Rei positiva na Tropicália. Em seu livro *Verdade tropical*, Caetano Veloso diz que foi a irmã quem o apresentou ao trabalho do então "rei da juventude" em fins de 1966, apontando para a vitalidade de sua música num momento em que ele ainda era visto como inimigo por grande parte dos artistas ligados à MPB. Essa percepção de Bethânia, segundo Caetano, foi uma das inspirações que suscitaram nele as inquietações que pouco depois desaguaram no pensamento tropicalista.

As críticas ao álbum *As canções que você fez pra mim*, lançado quase 30 anos depois da eclosão da Tropicália, mostram novas complexidades na relação entre Roberto Carlos e artistas da MPB. Um bom exemplo é o texto "Ela e o Rei", de Tárik de Souza, publicado no *Jornal do Brasil* em 3 de setembro de 1993:

Maria Bethânia surfa na contramão de novo. Enquanto a maioria das coleguinhas deitava na cama eletrô-

nica da tecladeira made in Los Angeles na década passada, ela navegava em discos de transgressiva predominância acústica [...]. Agora que a maré brega refluiu, a cantora detona no próximo dia 9 o disco "As canções que você fez pra mim" (PolyGram), inteiramente devotado ao repertório de boleros e baladas de Roberto Carlos. [...] O disco forra de luxo os soluços românticos do Rei. [...]
A Maria o que é de Bethânia, uma cantora que já nasceu predestinada. Batizada por Dona Canô com um samba-canção de Capiba que foi sucesso no vozeirão de Nelson Gonçalves, ela foi pioneira na releitura chique do brega, na gravação pré-tropicalista do regabofe romântico "Lama", lantejoula solitária de Linda Rodrigues. [...]
"As canções que você fez pra mim" pode ser o fim do apartheid brega do repertório do Rei.

 A primeira ideia apresentada por Tárik é a de que Maria Bethânia foi ousada e original ao gravar o repertório de boleros e baladas de Roberto Carlos em um momento em que a "maré brega" dos anos 1980 já havia perdido sua força. A incursão da cantora por esse gênero é vista de forma positiva por ter, segundo o crítico, "forrado de luxo os soluços românticos de Roberto". Aqui, mais uma vez surge a distinção estabelecida pela crítica especializada entre os artistas da MPB e os bregas. Ou seja, se as baladas eram "soluços românticos" na voz de Roberto, na de Bethânia tornaram-se gravações luxuosas.

 Desde o início da carreira, Maria Bethânia foi

uma cantora de prestígio. Apesar de muito popular – tanto em termos de sucesso comercial quanto na escolha de parte do seu repertório–, ela esteve ligada à MPB e era apreciada pela intelectualidade por sua aproximação com outras expressões artísticas, como o teatro, a poesia e a literatura. Isso vinha desde sua estreia em 1965, quando substituiu Nara Leão no histórico espetáculo *Opinião*, que se tornou uma das primeiras manifestações culturais de oposição à ditadura militar. A partir daí, ela ocuparia lugar de destaque no cenário da música popular brasileira, sempre saudada pela crítica como uma das maiores cantoras do país.

Bethânia desfrutava de maior prestígio que Roberto Carlos, por estar associada ao *habitus* dos críticos musicais, os tais sujeitos de capital cultural elevado descritos pelo sociólogo francês Pierre Bordieu. Portanto, segundo o texto de Tárik de Souza, quando grava as composições românticas de Roberto, ela não se rebaixa a composições simples ou vulgares. Está, ao contrário, elevando-as a uma posição sofisticada.

Essa mesma ideia reaparece quando o jornalista afirma ter sido Bethânia "pioneira na releitura chique do brega". Por não ser uma cantora ligada às classes populares, sua interpretação desse repertório é chique, bem mais próxima de um espaço simbólico associado à riqueza e à sofisticação, algo que não acontece com artistas como Roberto Carlos, identificados com um público considerado "pobre", tanto em termos de gosto cultural quando de posição social.

Para entender melhor o prestígio cultural da obra de Roberto, vale voltarmos quase dez anos antes, quando Waldick Soriano também o homenageou com um LP. Ícone do brega, o cantor e compositor personificava a figura do machão, com seu vozeirão, as declarações indiscretas e o figurino composto por óculos escuros, terno e chapéu tipo caubói. Seu repertório, majoritariamente de boleros, era sempre romântico, dramático e passional – entre seus maiores sucessos estão *Eu não sou cachorro, não*, *Tortura de amor* e *Paixão de um homem*.

Execrado e desprezado pela crítica musical, que o enxergava como sinônimo de mau gosto, ele lançou em 1984 o álbum *Waldick Soriano interpreta Roberto Carlos*, no qual regravou, a seu estilo, clássicos como *Não se esqueça de mim*, *Amada amante*, *Café da manhã*, *À distância* e *Cavalgada*. O disco mereceu a atenção do jornalista Joaquim Ferreira dos Santos em um texto bem-humorado publicado em 2 de dezembro no *Jornal do Brasil*, com o título "Canções de Roberto vestidas à maneira de Waldick".

Acaba de sair o disco mais deliciosamente cafona do ano, um disco que os críticos sérios de música brasileira devem achar um horror, talvez o pior do ano. É "Waldick Soriano interpreta Roberto Carlos". A voz do cantor pa-

rece saída de um alto-falante de parque de diversões do interior. O clima geral é de inferninho à beira da Avenida Brasil. Num momento de paixão irrefreável Waldick chama sua musa de "minha filha". [...]

Ele [Waldick Soriano] *pegou uma boa orquestra, um arranjador disputado no mercado de gravações (Eduardo Lages) e um compositor cada vez mais preocupado em elevar seu gosto a camadas mais sofisticadas da população. Waldick entrou com seu estilo assumidamente cafona e trouxe RC de volta ao Mangue, nosso underground. [...]*

A graça estranha de seu disco é que ele fez um aggiornamento (atualização) ao contrário da obra de Roberto. Enquanto este tenta se mostrar cada vez mais asséptico e internacional, Waldick forçou a mão na voz fanhosa, na vulgaridade da interpretação, pediu que a orquestra atacasse de rumbas e maracas na antiga balada "Escreva uma carta", por exemplo. Guarânias e boleros percorrem todo o disco, transformando desde as baladas ingênuas da Jovem Guarda ("Esqueça") até o erotismo dos motéis ("Os seus botões"). Elas falam de amor, sexo, solidão, partida, dor, os desejos ocultos do romantismo brasileiro. Com Waldick cheiram a vermute. [...]

Logo no início do texto, Joaquim brinca com a má vontade da imprensa especializada em relação a Waldick Soriano ao prever que qualquer "crítico sério" iria considerar o novo trabalho "um horror" ou o "pior do ano". O jornalista, por outro lado, celebra o lançamento como o mais "deliciosamente cafona do ano".

Joaquim descreve ainda Roberto Carlos como um "compositor cada vez mais preocupado em elevar seu gosto a camadas mais sofisticadas da população", que para isso tenta tornar seu repertório "mais asséptico e internacional". Quando Waldick regrava essas canções, ele as veste de outra maneira, como destaca o título. De fato, na capa do LP, o cantor parodia a clássica pose de Roberto em seus shows, virado de lado, com as mãos no microfone. Mas inclui elementos de seu próprio universo, como o chapéu, os óculos escuros, a camisa aberta no peito e um reluzente relógio de ouro no pulso.

Comparando esse texto ao escrito por Tárik de Souza em 1993, sobre *As canções que você fez pra mim*, fica evidente como a obra de Roberto Carlos desperta diferentes visões. Na análise de Tárik, ao ser colocado ao lado de Maria Bethânia, ícone de prestígio da MPB, Roberto é descrito como um compositor meio cafona, que tem seus "soluços românticos" forrados de luxo pela Abelha Rainha. Já na crítica de Joaquim Ferreira dos Santos, Roberto é posicionado ao lado de Waldick Soriano, ícone maldito do brega, e se torna um compositor que tenta parecer sofisticado e internacional, mas que tem seu repertório impregnado pelo cheiro de vermute dos inferninhos de beira de estrada da Avenida Brasil.

Decididamente, Roberto não conseguia se inserir em nenhum dos dois polos. Ficava sempre nesse espaço fronteiriço entre o bom e o mau gosto, entre o requintado e o cafona.

* * *

A distinção simbólica entre Roberto Carlos e Maria Bethânia é ainda mais evidente ao se analisar as críticas feitas ao disco que ele lançou quase na mesma época do álbum-homenagem de Bethânia. Em 2 de dezembro de 1993, *O Globo* destacava: "O 'Rei' que empacou no mesmo lugar", com três críticas diferentes, escritas pelos jornalistas Antonio Carlos Miguel, Carlos Albuquerque e Mauro Ferreira. Mas já no texto de abertura adianta que "críticos do Globo reprovam novo disco de Roberto Carlos".

Antonio Carlos Miguel avalia o álbum como um "trabalho muito duro de aturar", ressaltando a "mediocridade" da música *Velho caminhoneiro* e suas "baladas xaroposas", apontando para o que ele caracterizou como "imobilismo artístico" de Roberto Carlos: "E, num ano em que a ala cinquentona da MPB mostrou estar em forma – através dos discos de Chico, Ben Jor, Milton Nascimento, Edu Lobo, Gal e o *Tropicália 2* de Gil e Caetano –, Roberto Carlos preferiu continuar no imobilismo artístico. Resta à crítica bater, duro, nas mesmas teclas".

Carlos Albuquerque classifica o álbum como "pulável" – numa escala que *O Globo* atribuía aos discos, de "intocável" a "não sai da vitrola" –, ressaltando que Roberto Carlos estava repetindo uma fórmula. O crítico diz sonhar com o dia em que o cantor teria vontade de inovar novamente em sua carreira, e conclui: "Enquanto isso, a música de RC segue seu caminho por uma estrada deserta, monótona, onde não há lugar algum para se abastecer de criatividade".

Mauro Ferreira é mais duro: considera o disco "intocável" e diz que "tudo soa repetitivo". Ao citar a regravação de *Se você pensa*, lançada originalmente em 1968, o crítico explica a diferença de qualidade entre a obra pregressa de Roberto Carlos e sua fase contemporânea: "A (fraca) regravação de *Se você pensa*, música lançada há 25 anos, mostra como o repertório 'real' caiu. É inaceitável que um artista da expressividade de Roberto ponha sua (ainda boa) voz numa composição amadora como *Hoje é domingo*, assinada pelo brega Nenéo". Mauro aproveita para comparar a qualidade do disco de Roberto Carlos ao álbum de Maria Bethânia, lançado meses antes: "Poupe seu dinheiro, ou então compre um trabalho realmente novo como o emocionante disco em que Maria Bethânia canta o 'Rei'".

As três críticas têm em comum o argumento de que Roberto Carlos vivia uma fase pouco ou nada inovadora em sua carreira, recorrendo a fórmulas e deixando de apresentar novidades no repertório e na sonoridade, algo de que os jornalistas dos anos 1980 já reclamavam. Além disso, mais uma vez vem à tona a dúbia relação de Roberto com outros gigantes da MPB. Antonio Carlos Miguel classifica o cantor como pertencente à MPB ao lado de nomes como Caetano Veloso, Edu Lobo e Milton Nascimento, enquanto Mauro Ferreira traça um paralelo justamente com o álbum de Maria Bethânia. Nos dois casos, a comparação não é nada favorável ao Rei.

A aproximação de Roberto Carlos com figuras importantes da MPB, feita pela crítica especializada, na verdade mais parece apontar para o distanciamento entre ele e os demais artistas. Ao mesmo tempo em que inclui o cantor junto a nomes que anos antes estavam em polos estético e político opostos a ele, estabelecem uma distinção de qualidade – sob o argumento de "inovação" – entre esses artistas e Roberto.

A matéria do *Globo* também revela uma importante característica da carreira de Roberto Carlos neste período dos anos 1990. Em primeiro lugar, o tom das críticas volta a ser predominantemente negativo, rechaçando sua produção musical de forma quase tão veemente quanto a que ocorria nos anos 1960, no início de sua carreira. Por outro lado, é fato a consolidação de sua relevância no cenário musical brasileiro. Se três décadas antes a imprensa especializada dava pouco destaque à obra de Roberto, em 1993 ele ganha quase uma página inteira e seu disco anual merece a atenção não de um, mas de três críticos diferentes.

É também desse período um novo fenômeno, que se tornaria comum nos anos seguintes: a crítica passa a rever obra do início da carreira de Roberto, sobretudo a produzida entre meados da década de 1960 e início de 1970, justamente sua discografia ignorada ou rechaçada à época do lançamento. Quando, ao escrever sobre o álbum de Maria Bethânia, Tárik de Souza diz que "pode ser o fim do apartheid brega do repertório do Rei", ele está esboçando a ideia de que a crítica musical começa a lançar um olhar mais positivo sobre a obra de Roberto.

* * *

Em maio de 1992, chegaram às lojas os volumes 1, 2 e 3 da coleção comemorativa *Jovens tardes de domingo – 25 anos de Jovem Guarda*. A coleção foi a primeira parte da série *O melhor da Jovem Guarda*, lançada pela Sony Music, com CDs que reuniram os grandes sucessos dos principais artistas do movimento, como Roberto, Wanderléa e Renato e Seus Blue Caps. Um trecho da resenha em que o jornalista Luiz Henrique Romanholli analisa esses discos, publicada no jornal *O Globo* em 2 de abril, mostra bem como o distanciamento histórico fez a imprensa especializada enxergar a Jovem Guarda de outra forma: "Em 1965, Jovem Guarda era algo entre mera bobagem e um plano imperialista americano objetivando solapar as instituições brasileiras. Em 1992, o movimento é um capítulo importante da história da música nacional".

O distanciamento que levou a crítica a reavaliar o início da carreira de Roberto reaparece no texto de Marcus Veras, publicado no *Jornal do Brasil* em 22 de abril de 1993, também sobre a série *O melhor da Jovem Guarda*, porém referente ao lançamento dos volumes 4, 5 e 6.

> *Décadas depois, já dá pra perceber por que Roberto Carlos ficou e tantos outros desapareceram. O Rei sempre cantou muito bem, e, assessorado pelo parceiro Erasmo Carlos, produziu algumas canções imortais em sua brejeirice. "Namoradinha de um amigo meu" é um hino à caretice amorosa, mas quem resiste aos seus versos simplórios? [...]*
> *Wanderléia bem que se esforçava, mas cantar mesmo que é bom, necas de pitibiribas. Martinha, o queijinho de Minas, só era suportável com muita boa vontade. [...]*
> *Além do Rei, quem brilha mesmo na coleção são os conjuntos: fazem bonito The Jet Blacks, The Sunshines e Renato e Seus Blue Caps [...].*
> *Para quem acha que nada disso tem valor, um lembrete: os baianos, que jamais foram preconceituosos, fincaram um dos pés da Tropicália neste reino da guitarra elétrica.*

Se em 1965 Roberto Carlos era para os críticos um "debiloide" que não sabia cantar e escrevia músicas "alienadas", em 1993 o Roberto da Jovem Guarda cantava "muito bem" e produziu "canções imortais", ressaltando que muitas delas, embora tivessem versos "simplórios", eram na verdade "irresistíveis". Marcus Veras ainda exalta a superioridade musical de

Roberto Carlos em relação aos demais artistas da Jovem Guarda, o que justifica seu crescente sucesso e a relevância que perduraram pelas décadas seguintes. E mais uma vez reconhece a importância da Tropicália, que foi buscar na Jovem Guarda e em Roberto inspirações para o movimento.

Para o biógrafo Paulo César de Araújo, essa mudança de ponto de vista passa por outra questão: a crítica especializada da década de 1960 era não só musical, mas também política. Naquela época, os debates em torno da música popular feita no Brasil, ancorada na rivalidade MPB x Jovem Guarda, consistiam, acima de tudo, numa discussão política e sociológica. Como Roberto não produzia uma música engajada, ele acaba visto, segundo o escritor, de forma pejorativa pela crítica musical-política de então.

Mauro Ferreira, na imprensa desde o início dos anos 1990, tem a mesma opinião. Mas lembra que revisões da crítica especializada em torno de um artista ou álbum são um fenômeno historicamente recorrente. "Quando Roberto Carlos começou, a Jovem Guarda era tida como música alienada, enquanto a MPB era considerada boa, porque seus artistas estavam envolvidos politicamente. A política tinha um peso muito importante, já que se vivia uma ditadura militar. Eram os tempos da passeata contra as guitarras elétricas. Algo que pode soar ridículo hoje em dia, mas que fazia sentido na época", diz Mauro, acrescentando: "A música da Jovem Guarda reflete o pop que começava a se formar através dos Beatles, por exemplo. Por isso, quando surgiu, Roberto foi rotulado como alienado. Isso fez com que um álbum como o de 1969, uma obra-prima, fosse execrado, porque não era politicamente engajado".

Há, no entanto, outras particularidades e nuances presentes no processo de revalorização da obra de Roberto Carlos. Isto aparece nas críticas de Antonio Carlos Miguel e do próprio Mauro Ferreira, publicadas no *Globo* em 9 de agosto de 1994, sobre o lançamento da série *The master*, que reeditou a discografia do artista entre os anos de 1963 e 1989. Intitulado "A puríssima fonte da eterna Jovem Guarda", o texto de Miguel ressalta a fase inicial da carreira do cantor.

> *Estes 31 títulos agora reeditados permitem uma radiografia precisa do trajeto de Roberto Carlos. Até o meio dos anos 70, ele parecia encontrar um equilíbrio entre o discurso juvenil e o maduro. Seu disco de 1971, por exemplo, é um clássico da MPB, trazendo três de suas melhores parcerias com Erasmo Carlos: "Detalhes", "Amada amante" e "Debaixo dos caracóis dos seus cabelos". [...]*
>
> *Curiosamente, é neste álbum, de 1971, que pela primeira vez aparecem nos créditos os nomes dos compositores Maurício Duboc e Carlos Colla, autores da mediana "A namorada". Aos poucos, esta dupla e outros compositores, como Mauro Motta, Eduardo Lajes, Paulo Sérgio Valle ou Eduardo Ribeiro, passariam a baixar o nível do repertório de Roberto. [...]*

A partir dos anos 70, não fosse suficiente a indigência do repertório fornecido pelos Robertos e Erasmos de décima linha, os mal dosados arranjos de cordas passaram a pasteurizar seus discos. Com alguns espasmos de criatividade, a produção mais recente do "rei" parece subestimar o bom gosto de seu público. [...]

Está mais do que na hora de Roberto Carlos dar a volta por cima. Talento ele sempre teve de sobra, como compositor ou cantor – num estilo que o coloca como uma espécie de discípulo pop de João Gilberto. Coisa que nesta coleção "The master" é comprovada pelos discos que ele lançou entre 1963 e 1971.

Em sua crítica, "O digno envelhecimento junto aos fiéis súditos", Mauro Ferreira destaca o amadurecimento de Roberto e seu público:

Roberto Carlos talvez nunca tenha prestado muita atenção nas letras dos Rolling Stones, mas soube como poucos entender que o tempo não espera mesmo por ninguém. Analisada em conjunto, a sua discografia mostra que o "Rei" teve a habilidade de envelhecer com seus milhões de "súditos", e nisso está o seu maior mérito. Maturidade nem sempre vem acompanhada de criatividade – e, nesse sentido, é inegável a queda da qualidade da obra do cantor – mas a audição dos seus discos atesta uma permanente sintonia de Roberto Carlos com seu tempo. [...]

Os anos 70 encontram Roberto Carlos acomodado no "trono" de cantor mais popular do país. A partir de

1971, com o lançamento do estupendo álbum que traz "Detalhes", ele vende pela primeira vez um milhão de discos e se torna o 'Rei'. [...]

A decadência real fica evidente a partir dos anos 80, quando Roberto passa a lançar álbuns repetitivos e burocráticos. [...] O resultado é que o "Rei" acaba se rendendo de vez ao apelo das canções de hitmakers *como Sullivan e Massadas a partir do álbum de 1986. Músicas aquém de sua afinada voz.*

É importante ressaltar o trecho final da crítica de Miguel, quando ele caracteriza Roberto Carlos como um "discípulo pop de João Gilberto". Esta afirmação é muito significativa para a mudança no discurso da crítica sobre Roberto. O estudo do pesquisador Marildo Nercolini já mostrava como a bossa nova se tornou a "régua e o compasso" da imprensa especializada, isto é, o seu maior parâmetro de qualidade.

No caso de Roberto, sempre houve um paralelo entre seus trabalhos e a bossa nova ou a MPB. Se parte das resenhas de então desqualificava sua obra por não enxergar nela as características da "moderna música brasileira", outra parte – como antecipou o artigo de Augusto de Campos em 1966 – o elogiava justamente porque sua interpretação se aproximava da bossa nova. A diferença é que na década de 1990 essa questão não surgia como polêmica ou como centro da discussão. Roberto Carlos já estava consolidado como um discípulo, mesmo que pop, do criador da bossa nova. Era posicionado, portanto, muito mais próximo dos parâmetros qualitativos da crítica musical do que no início da carreira.

Além disso, as duas críticas do *Globo* revelam mais uma vez a distinção entre o Roberto Carlos atual e o do passado. Ambas mencionam a queda de qualidade do seu repertório e opõem discos mais recentes a outros antigos, como, por exemplo, o de 1971, agora tratado como "um clássico da MPB" ou um "álbum estupendo".

Há também uma inversão na avaliação das fases da Jovem Guarda e da música romântica na carreira de Roberto. Se na década de 1970 o romantismo era visto pela crítica como fator em parte positivo, por afastá-lo da música da Jovem Guarda, agora essa lógica se modificava: tanto Antônio Carlos Miguel quanto Mauro Ferreira consideram como a melhor fase de Roberto Carlos o período que vai da Jovem Guarda até o disco lançado em 1971. Miguel afirma que "os mal dosados arranjos de cordas" ajudaram a pasteurizar as músicas da fase romântica de Roberto, que parecem "subestimar o bom gosto de seu público".

Um último ponto chama a atenção: os dois críticos avaliam que o talento de Roberto Carlos sofreu uma interferência de outros compositores. Para Miguel, Carlos Colla, Maurício Duboc, Eduardo Lajes e Paulo Sérgio Valle passaram a "baixar o nível" do repertório do cantor. Já Mauro afirma que o Rei se rendeu a compositores chamados pejorativamente de *hitmakers*, como Michael Sullivan e Paulo Massadas, responsáveis por canções "aquém da afinada voz" de Roberto. Os dois críticos acabam eximindo-o parcialmente por essa decadência musical.

Em um estudo de 2002, em que avalia como fãs do gênero MPB enxergam a música brasileira, a pesquisadora Martha Ulhôa identifica outro elemento que levou a obra de Roberto a ganhar uma visão positiva por parte da crítica especializada: sua longa e ininterrupta carreira na música brasileira. "O 'envelhecimento' num campo de produção garante a artistas, antes rejeitados ou questionados por suas posições de sucesso comercial no campo da grande produção, a segurança de uma posição de prestígio consolidado. Nesse caso, Roberto Carlos vai ganhando uma 'aura MPB' (em geral em relação a produções mais antigas: sucessos da Jovem Guarda, seguidos pela produção romântica dos anos 1970)", analisa Martha.

Ou seja, o tempo de estrada de Roberto Carlos e sua permanente relevância na produção musical brasileira justificariam também o destaque que a imprensa dava aos seus lançamentos. Isso explica como álbuns vistos anteriormente como distantes do universo da MPB, como o de 1971, passam a ser considerados clássicos. Não é à toa que Mauro Ferreira afirma que o maior mérito de Roberto foi ter tido a habilidade de "envelhecer com seus milhões de 'súditos'". Embora não aprove a produção mais recente do cantor, reconhece sua importância pela longa e contínua trajetória na música popular produzida no Brasil.

Todos os 31 discos incluídos na coleção *The master* foram avaliados individualmente pelos críticos do jornal *O Globo* em 1994. Aqueles com melhores cotações – "não sai da vitrola" e "alta rotação" – são os que vão de 1963 a 1969, período da Jovem Guarda, tanto de sua fase mais pop (de 1963 e 1964) quanto a roqueira, de transição para o romântico (1968 e 1969). Foi neste momento, ironicamente, que Roberto Carlos mais recebeu críticas negativas quando saíram tais álbuns. Na classificação do *Globo*, as únicas duas exceções que mereceram cotação alta foram os discos de 1971, que marcou a consolidação de sua fase romântica, e o de 1977, um dos mais bem-sucedidos de sua carreira, que enfileirou sucessos como *Nosso amor*, *Cavalgada* e *Outra vez*.

Já os discos com piores avaliações – "média rotação" e "pulável" – são os que vão de 1970 a 1989, período em que Roberto Carlos deixou de lado as músicas da Jovem Guarda e optou pelo gênero romântico. A exceção é o LP de 1963, conhecido como *Splish splash*, no qual Roberto ainda se encontrava em um momento de transição, entre sua obscura fase bossanovista e a pegada pop-roqueira que desaguou na Jovem Guarda. Mais do que nunca, ficava evidente uma contraposição entre o trabalho mais recente e a obra pregressa de Roberto.

Ainda na metade da década de 1990, um outro lançamento contribuiu para a revalorização do repertório antigo do cantor. O álbum-tributo *Rei*, que chegou às lojas no fim de 1994, com produção de Roberto Frejat, trazia 13 canções de Roberto e Erasmo, a maioria da época da Jovem Guarda ou início dos anos 1970, interpretadas por representantes do rock brasileiro dos anos 1980 e 1990. Kid Abelha, Blitz, Biquini Cavadão, Cássia Eller, Skank, Marina Lima, João Penca & Seus Miquinhos Amestrados, o próprio Barão Vermelho de Frejat e outros nomes revisitaram clássicos como *Sentado à beira do caminho*, *É proibido fumar* – que o Skank acabaria incorporando ao seu repertório –, *Quando*, *Parei na contramão* e *Por isso corro demais*.

O sucesso desse disco, com canções em arranjos pop contemporâneos, foi fundamental para apresentar Roberto Carlos a uma nova geração. Mesmo assim, para parte da crítica, o álbum *Rei* não foi capaz de superar as gravações originais de Roberto. É ao menos o que conclui Brenda Fucuta ao escrever para o *Jornal do Brasil*, em 10 de novembro: "À exceção das versões mais autorais, de Chico Science e de Carlinhos Brown, o disco deixa evidente que, na letra, interpretação e arranjo daquelas canções do rei, há pouco o que acrescentar".

Uma coisa parecia certa: após mais de 30 anos de carreira, Roberto Carlos era um artista de prestígio e bagagem suficientes para ser alvo de tributos importantes, seja por parte da incontestável Maria

Bethânia como da nova safra do rock brasileiro. Ao mesmo tempo, a crítica musical valorizava as composições mais antigas, elevadas ao status de clássicos atemporais da MPB.

* * *

A partir do LP *Jovem Guarda*, de 1965, o cantor adotou a prática de lançar um trabalho a cada ano, sempre próximo do Natal. Desde então, essa se tornaria a mais cristalina certeza da música popular brasileira: todo fim de ano tinha disco novo de Roberto, sempre no topo das paradas e consequentemente com vendas milionárias. Em 1996, o tradicional álbum anual de inéditas trouxe sucessos como *Mulher de 40*, *Cheirosa*, *O terço*, *Quando digo que te amo* e *Tem coisas que a gente não tira do coração*.

Em dezembro de 1997, contudo, a rotina mudou: Roberto Carlos apresentou o disco *Canciones que amo*, projeto com regravações de clássicos do repertório latino-americano, como *El manisero* (de Moisés Simons) e *Las muchachas de La Plaza España* (de Mario Ruccione e A. Marchionne). No ano seguinte, por conta do câncer de sua mulher, Maria Rita, não conseguiu finalizar as gravações a tempo. Assim, o álbum de 1998 foi lançado como um disco híbrido, que misturava quatro canções inéditas (*Meu menino Jesus*, *O baile da fazenda*, *Eu te amo tanto* e *Vê se volta pra mim*) com versões ao vivo de antigos sucessos. No ano seguinte, após a morte de Maria Rita, foram lançadas as coletâneas *Mensagens*, com suas músicas de temática religiosa, e *30 grandes sucessos*.

Encerrava-se, assim, uma tradição que durou 31 anos. Os discos de Roberto Carlos se tornariam mais esparsos e menos constantes. A maioria dos álbuns lançados nos anos seguintes foram gravações ao vivo ou projetos pontuais, como a coletânea *Duetos*, de 2006, que reúne registros de seus especiais da Rede Globo com a participação de outros artistas. Ao mesmo tempo, também como consequência disso, as críticas sobre sua obra se tornaram menos frequentes e aprofundadas, embora até hoje qualquer movimento de Roberto Carlos ainda mereça destaque na mídia.

PERSONALIDADE

Roberto Carlos faz 60 anos em busca da juven[tude]

ntor grava acústico
ara a MTV e festeja
niversário no palco,
nhã, em Brasília

JOTABÊ MEDEIROS

oberto Carlos, o mai*
importante*

CADERNO 2

SEXTA-FEIRA, 5 DE DEZEMBRO DE 2003

É UMA BRASA, MORA!

Roberto, romântico até a medula

Discretamente lança novo dis[co]

Ele canta oito baladas para a musa, mas faz ligeira e agradável concessão ao velho rock'n'-roll

JOTABÊ MEDEIROS

Assim como a João Gilberto e Milton Nascimento, a maior acusação que se faz a Roberto Carlos é que ele é repetitivo, redundante. Seus discos mais recentes – das últimas duas décadas, pelo menos – têm primado pela execução de arranjos rotineiros, letras melosas, ideologia comodista e mise-en-scène messiânica.

Pra Sempre (Sony Music), o seu novo álbum, não vai livrar Roberto Carlos dessa acusação. Até porque ele não a repele. "O importante é dar à música o que ela pede. Mais importante que manter uma opinião é dar ao público o que ele pede", disse o cantor, num 'statement' rápido, durante entrevista à imprensa, na quarta-feira.

Há nesse disco, no entanto, o retorno de um Roberto Carlos vibrante em pelo menos duas canções de rock'n'-roll *Cadillac* e a balada *Pra Sempre*, que dá nome ao disco. Na primeira, ele exercita sua bagagem jovemguardista com uma tonalidade cinza, crepuscular, olhando os cabelos brancos e passado com orgulho dos cabelos brancos e sem excesso de nostalgia.

Na segunda, Roberto é o intérprete por excelência, um cantor, dos poucos que conseguem fazer o encaixe perfeito em versos imperfeitos, como "tudo nesse mundo pode se modificar/ porém de até mudar a posição do sol e o mar". Ele conta que buscou um andamento similar aos arranjos de Glenn Miller na música, que é sem dúvida uma séria candidata a entrar no rol dos

Roberto: "O importante é dar à música e ao público o que eles pedem"

hits sagrados do artista.

Embora ele tenha aberto mão de incluir no disco uma de suas "mensagens" religiosas, ele que é devoto fervoroso de Nossa Senhora, suas excentricidades não deixaram de marcar presença. A maior de todas está na canção *Acróstico*, cujas iniciais de cada primeira letra formam a frase "Maria Rita Meu Amor".

O disco é romântico até a medula dos ossos do 'Rei'. Traz oito baladas arrastadas, algumas mais monótonas que as outras (ca-

CANÇÃO TRAZ INICIAIS DO NOME DA MULHER

dizo que ela diz. Não tem nada escondido", ele diz, querendo salientar o caráter unidimensional de suas músicas, que prescindem de metáforas, de figuras de linguagem, de jogos de palavras. Ele confessa a mudança de posições – políticas, culturais, sociais, ecológicas – sem o menor pudor, porque julga que já fez sua parte na construção da MPB.

"Acontece que os anos passam, e a gente descobre uma monte de coisas. Naquele tempo eu tinha 30 anos, e hoje tenho mais de 35", brinca o cantor, demonstrando um bom humor que o mostra praticamente refeito de todos os percalços por que passou recentemente. "Eu tenho de seguir meu caminho e, para seguir, tenho de continuar fazendo as coisas da melhor forma que eu possa", afirmou o cantor.

Desses discos mais românticos de Roberto, que foram feitos, segundo ele mesmo, "de forma muito exclusiva", de modo que "é difícil dividir", sobra sempre uma canção que parece refle-

tir angústias universais, que se destaca no dial dos rádios, que encontra eco em diferentes classes, diferentes ouvidos.

Mas *Pra Sempre* vai marcar como o disco de *Cadillac*, sua parceria com Erasmo Carlos. "Peguei meu Cadillac/ Mil novecentos e sessenta/ E nele me sentia/ Com metade de quarenta/ Em meu Cadillac/ meu Cadillac", canta ele, com a gaitinha de Milton Guedes soltando e um combo musical mais encorpado do que as baladas.

Ele conta diversas histórias prosaicas sobre o carro e sobre a música, que fala de um carrão conversível, extravagante, com quase seis metros de um verme lho cintilante. "Quando fiz a música, eu ainda não tinha o carro, não sabia qual era o comprimento dele. Agora, já sei que tem 5 metros e 65 centímetros. Fiquei feliz por ter acertado."

Roberto também falou do passado, coisa que só faz em textos estandardizados lidos durante seus concertos, e emocionou-se ao lembrar de quando foi para Niterói, com 14 anos, tentar a sorte na vida. "Tinha aprendido a dançar, virei um seresteiro. Hoje eu olho, é uma coisa engraçada. Estudei no Colégio Brasil. Pegava a balsa, vinha tentar a sorte nos programas de auditório. Até que consegui alguma coisa."

'O Amor Sobreviverá' terá renda inteira revertida à instituição O Pequeno Cotolengo

Um dia antes de Roberto Carlos lançar seu disc[o] no Rio de Janeiro, quase 200 jornalistas esper[am] para uma coletiva de impr[ensa] que o aguardaram por qu[ase] duas horas além do horário c[om]binado, Wanderléa lanç[ava] seu álbum quase silencios[o] em São Paulo. Nenhum dois sabia do disco do out[ro].

O Amor Sobreviverá, de ção independente e distribu[ída] BMG, é um mergulho da "[apa]nha – grande parceira de R[oberto] Erasmo) nos tempos da Jov[em Guarda] da – em diversas canções de épocas diversas, especialmente hits do passado. Com uma peculiaridade: é um disco beneficente, todinho destinado à instituição O Pequeno Cotolengo, de crianças excepcionais.

O CD da cantora, ãe e geminiana tária e duas filha[s], traz Wanderléa no toridade de pio cel, não havia h referencial f[eminino] pop. A gente nosso jeito, e do, não", dis[se] ao *Estado*, critério em fas que fize tomecâni[co] va na fren[te] um instre o do pop

Toda serão cantore [im]prens

estadao.com.br
Ouça trecho da faixa 'Cadillac' no site
www.estadao.com.br

1. Emoç[ão]
2. Como
3. Amor

SEGUNDO CADER[NO]

O GLOBO

Esse Cara É o Rei

Roberto Carlos volta às músicas inéditas e vai direto para [o topo] vendendo mais de um milhão de discos

PEDRO ANTUNES PUBLICADO EM 09/01/2013, ÀS 15H53 - ATUALIZADO ÀS 19H56

ARTUR XEXÉO

Um disco moderno que, enfim, faz jus à realeza

Roberto Carlos surpreende com um CD que parece igual a todos os outros, mas que é muito melhor

★★★★★★

O NOVO MILÊNIO

"NÃO ADIANTA NEM TENTAR ME ESQUECER"

Foram poucas as canções inéditas lançadas por Roberto Carlos no novo milênio. O álbum de 2000, *Amor sem limite*, repetiu o formato híbrido de dois anos antes: mesclou músicas novas com regravações de antigos sucessos. Produzido em um momento de profundo luto, revelou faixas como *O grude* e *Eu te amo tanto*, ambas dedicadas a Maria Rita.

No ano seguinte, saiu o *Acústico MTV*. Criado pela emissora que marcou a cultura pop dos anos 1990, o projeto já reunira estrelas como Gilberto Gil, Gal Costa, Rita Lee, Barão Vermelho e Titãs, que apresentavam para uma pequena plateia seus sucessos no formato acústico, como o próprio nome dizia. Os shows viravam especiais de televisão e depois eram lançados em CD e DVD. O disco de Roberto Carlos foi gravado assim, mas se tornou uma exceção à regra: por conta de um litígio entre a Rede Globo (da qual Roberto era contratado) e a MTV, o especial não pôde ser exibido.

Só em 2003 Roberto voltaria a lançar um disco inteiro de inéditas. *Pra sempre*, assim como *Amor sem limite*, reuniu canções feitas em homenagem a Maria Rita, como *Acróstico* e *Com você*. Um texto do jornalista Jotabê Medeiros publicado em 5 de dezembro no *Estado de S. Paulo* é um bom exemplo de como o cantor era enxergado pela crítica naquele momento:

Assim como a João Gilberto e Milton Nascimento, a maior acusação que se faz a Roberto Carlos é que ele é repetitivo, redundante. Seus discos mais recentes – das últi-

mas duas décadas, pelo menos – têm primado pela execução de arranjos rotineiros, letras melosas, ideologia comodista e mis-en-scène messiânica.

"Pra sempre" (Sony Music), o seu novo álbum, não vai livrar Roberto dessa acusação. [...]

Há nesse disco, no entanto, o retorno de um Roberto Carlos vibrante em pelo menos duas canções: o rock´n´roll "O Cadillac" e a balada "Pra sempre", que dá nome ao disco. Na primeira, ele exercita sua bagagem jovem-guardista com uma tonalidade cinza, crepuscular, olhando o passado com orgulho dos cabelos brancos e sem excesso de nostalgia. Na segunda, Roberto é o intérprete por excelência, um raro cantor, dos poucos que conseguem fazer o encaixe perfeito em versos imperfeitos, como "tudo nesse mundo pode se modificar/ pode até mudar a posição do sol e o mar". Ele conta que buscou um andamento similar aos arranjos de Glenn Miller na música, que é sem dúvida uma séria candidata a entrar no rol dos hits sagrados do artista. [...]

Mas "Pra sempre" vai marcar como o disco de "O Cadillac", sua parceria com Erasmo Carlos. "Peguei meu Cadillac/ Mil novecentos e sessenta/ E nele me sentia/ Com metade de quarenta/ Em meu Cadillac, meu Cadillac", canta ele, com a gaitinha de Milton Guedes solando e um combo musical mais encorpado do que nas baladas.

O texto de Jotabê Medeiros é uma síntese de como a crítica se relacionou com a obra de Roberto Carlos ao longo dos anos. Em primeiro lugar, aponta para o maior pecado do artista desde os anos 1980, martelado pela imprensa nas décadas anteriores: a repetição e o comodismo na produção de seus discos.

Mas ao longo do texto o jornalista destaca duas canções do repertório, e os argumentos que usa para defendê-las são, no mínimo, curiosos. A primeira é *O Cadillac*. A música é uma clara referência ao sucesso *O calhambeque*, versão de Erasmo para *Road hog*, de John D. Loudermilk e Gwen Loudermilk, lançada em 1964 no disco *É proibido fumar*. Desta vez, Roberto descreve uma viagem no seu Cadillac "lindo, longo, conversível, extravagante", que o faz se sentir como um jovenzinho "com metade de quarenta". E a corrida se transforma em uma viagem no tempo que o leva diretamente à época da Jovem Guarda, em uma letra que brinca com a temática amorosa-inocente daquele período. É justamente esse saudosismo que conquista o crítico em 2003. Tal como outros jornalistas da década de 1990, Jotabê Medeiros também faz uma reavaliação histórica e estética do movimento, agora visto sob um ângulo positivo.

Em seguida, ele destaca a faixa-título, *Pra sempre*, por revelar em Roberto o "intérprete por excelência", que tem talento suficiente para engrandecer "versos imperfeitos". Aqui aparece outro argumento corriqueiro: a distinção entre o Roberto compositor e o intérprete, presente desde os anos 1960, no auge do embate entre a "música jovem" e a MPB. A tese levantada por Zuza Homem de Mello em 1981, de que existiriam dois Robertos, parece ser confirmada por Medeiros, quando descreve o artista como um intérprete perfeito, mas um compositor de versos imperfeitos. Porém, o que mais chama a atenção são as primeiras linhas do texto, em que o crítico diz que Roberto Carlos é repetitivo, mas complementa que João Gilberto e Milton Nascimento também se tornaram redundantes. Ou seja, assim como afirmavam os jornalistas de décadas passadas, Roberto continuava acomodado, mas não era o único: estava ao lado de dois nomes celebrados da MPB pela crítica musical.

Essa retórica, no entanto, traz uma significativa mudança no que foi analisado, por exemplo, em um texto assinado por Antonio Carlos Miguel dez anos antes, sobre o disco de 1993. Na época, Roberto foi colocado ao lado de seus pares da MPB, como Edu Lobo, Caetano Veloso e o mesmo Milton Nascimento, mas com a ressalva: ele era o único a insistir no "imobilismo artístico". Se antes Roberto era visto sempre em oposição aos gigantes da MPB, agora parece estar mais enturmado com eles – mesmo que em relação a um aspecto negativo. Afinal, se os três cometem o mesmo erro, é porque estão sendo analisados pela mesma cartilha.

* * *

Foi no fim de 2012 que uma nova música de Roberto Carlos voltou a provocar barulho entre o público e a crítica musical, com um nível de penetração no imaginário coletivo que não se via desde o início dos anos 1990. *Esse cara sou eu* foi encomendada por Glória Perez para fazer parte de sua novela *Salve Jorge*, que estreou em outubro no horário nobre da Globo. A faixa era o tema do casal Theo e Morena, interpretados pelos protagonistas Rodrigo Lombardi e Nanda Costa. A letra narra em seus versos o amor incondicional (e quase obsessivo) de um homem por uma mulher: *"O cara que pensa em você toda hora/ Que conta os segundos se você demora/ Que está todo o tempo querendo te ver/ Porque já não sabe ficar sem você/ E no meio da noite te chama/ Pra dizer que te ama/ Esse cara sou eu"*.

O tom de romantismo era semelhante ao daquelas canções dos anos 1970, em que o repertório de Roberto foi inundado por versos de exaltação ao amor físico, com lençóis macios e cavalgadas até o amanhecer: *"O cara que ama você do seu jeito/ Que depois do amor você se deita em seu peito/ Te acaricia os cabelos, te fala de amor/ Te fala outras coisas, te causa calor"*.

Sucesso instantâneo, *Esse cara sou eu* desbancou nas rádios populares sertanejos como Michel Teló, Gusttavo Lima, Luan Santana, Jorge e Mateus, Victor e Léo e Paula Fernandes. A música foi incluída em um EP (álbum com número menor de faixas), que trazia também a inédita *Furdúncio*, inspirada no funk carioca, além de *A mulher que eu amo* e *A volta*, ambas inéditas na discografia oficial de Roberto, mas veiculadas na trilha sonora de novelas anteriores da Globo.

A crítica celebrou o retorno triunfal do Rei às paradas de sucesso. O jornalista Pedro Antunes escreveu para o portal da *Rolling Stone*, em 9 de janeiro de 2013:

Entre tanto "Delícia, delícia, assim você me mata", versos como "o cara que sempre te espera sorrindo / que abre a porta do carro quando você vem vindo", de "Esse cara sou eu", de Roberto Carlos, soam como acalanto para os ouvidos e criaram algo sem precedente no atual mercado fonográfico nacional. [...]

Fato ainda mais embasbacante: Roberto Carlos está ousando – e não só no formato do disco. Na faixa-título, por exemplo, ele decidiu chamar o baterista Chocolate e o baixista Jorge Aílton para refazerem a cozinha da música, após assisti-los em um show de Lulu Santos. Para "Furdúncio", um funk melody, chamou o DJ Batutinha.

O jornalista aplaude o que os críticos dos anos 1980 e 1990 tanto ansiaram: uma inovação estética no repertório, deixada a cargo do funk *Furdúncio* e da participação de novos músicos nos arranjos. Mas a verdadeira celebração ficou mesmo por conta de *Esse cara sou eu*. No início do texto, Pedro Antunes faz referência ao sucesso de *Ai se eu te pego*, música de Michel Teló que grudou nos ouvidos dos brasileiros em 2012. E parece aliviado que os versos românticos de Roberto tenham roubado o lugar do assanhamento de Teló.

Em reportagem publicada em 24 de dezembro de 2012 no caderno *Ilustrada*, da *Folha de S. Paulo*, Lucas Nobile escreveu sobre a repercussão do novo hit do Rei e colheu um depoimento do crítico e pesquisador Zuza Homem de Mello: "Sempre se pode esperar uma grande composição de um grande compositor, independentemente de fases improdutivas. Só o fato de ele substituir o Michel Teló [no topo das paradas] já é uma vitória contra os modismos. O Michel Teló é um pum", fuzilou Zuza.

Para a mesma reportagem, Tárik de Souza, crítico ferrenho da obra de Roberto Carlos, também fez concessões ao valor da nova música: "O Roberto vinha patinando e não estava acontecendo nada relevante nos últimos trabalhos dele. A música se encaixou muito bem com a personagem da novela e ele sempre canta muito bem, isso é incontestável".

Esses comentários apontam para uma espécie de redenção de Roberto Carlos em sua relação com a crítica musical. Após décadas de cobranças e avaliações negativas, ele enfim era saudado por especialistas de gerações, escolas e pontos de vista diversos como "um grande compositor", um artista de talento e importância incontestável na música brasileira. E pelo menos dois deles enxergavam em Roberto um artista com talento para chutar para longe modismos populares como Michel Teló.

Nas páginas finais do livro *O réu e o rei*, Paulo César de Araújo comenta essas declarações e aponta para uma ironia no discurso da crítica ao longo do tempo. "'Esse cara sou eu' foi valorizada em oposição ao que os críticos consideram hoje ruim, diferentemente dos anos 1960 ou 1970, quando Roberto Carlos era visto pela crítica exatamente como um Michel Teló".

Ou seja, até mesmo a redenção de Roberto por parte da crítica musical se dá a partir do rebaixamento de outro artista – este, sim, popular, adepto do modismo, um "pum". O que reforça, tantos anos depois, como a imprensa especializada se ampara em conceitos pré-concebidos e em qualificações que muitas vezes ajudam a reforçar e demarcar as diferenças sociais no que diz respeito ao consumo cultural, como já observava Bourdieu.

* * *

Os lançamentos seguintes a *Esse cara sou eu* tiveram repercussão mais modesta na carreira de Roberto Carlos. Em abril de 2017, uma semana antes do seu aniversário de 76 anos, ele lançou outro EP com quatro faixas. *Sereia* foi mais uma canção inédita encomendada por Glória Perez, dessa vez para ser tema da personagem Ritinha, interpretada por Isis Valverde na novela *A força do querer*. O novo trabalho contava com a também inédita *Vou chegar mais cedo em casa*, parceria com Erasmo Carlos; *Chegaste*, dueto com a cantora Jennifer Lopez lançado no fim de 2016; e um registro ao vivo de *Sua estupidez*.

Das quatro, *Sereia* e *Chegaste* obtiveram alguma repercussão, mas o EP não ganhou destaque dos críticos. Uma exceção foi Mauro Ferreira, que publicou em sua página no site G1, em 13 de abril, uma resenha com o título "'Sereia' emerge como o trunfo do EP em que Roberto canta para súditos":

Formatada em estúdio com base nos teclados de Tutuca Borba, arranjador da gravação produzida pelo próprio Roberto Carlos, "Sereia" é balada apaixonada que, mesmo sem primar por grande originalidade de música e letra, evoca de longe aquelas canções do Roberto que marcaram época nas décadas de 1960, 1970 e 1980.

A outra música inédita – "Vou chegar mais cedo em casa", composta por Roberto com o parceiro de fé Erasmo Carlos – fica muito aquém do histórico da dupla de compositores. Pela arquitetura, dá a impressão de ser uma canção mais de Roberto do que de Erasmo. Com letra impositiva dos desejos sexuais masculinos ("Meu amor, eu quero tudo/ Não vou me contentar com pouco"), típica da geração machista do artista, "Vou chegar mais cedo em casa" é balada que jamais roça o erotismo realmente sensual de canções lançadas pelo Rei nos anos 1970. A proposta já foi feita com mais sedução e sensibilidade...

No texto, o crítico retoma a expressão criada por Caetano Veloso em 1968 na música *Baby*, "aquela canção do Roberto". Mas, quase 49 anos depois, o termo já não representa uma novidade mal vista, e sim uma espécie de gênero musical consagrado ou um estilo de composição do universo particular do Rei. Interessante notar que agora lança-se mão desse recurso ("aquela canção do Roberto") para qualificar as novas músicas, diferentemente do que ocorria em anos anteriores, quando o mérito da obra de Roberto Carlos era definido com base em sua aproximação ou distanciamento com outros gêneros valorizados pela crítica, como a MPB ou a bossa nova.

Segundo Mauro Ferreira, *Sereia* é o trunfo do novo trabalho porque chega mais perto do "antigo Roberto", enquanto *Vou chegar mais cedo em casa* decepciona justamente por não conseguir se aproximar do "histórico da dupla de compositores" ou do "erotismo realmente sensual de canções lançadas pelo Rei nos anos 1970". No fim de seu texto, Mauro resume o lugar que Roberto Carlos ocupa hoje no cenário da música brasileira, ressaltando sua penetração popular e estável permanência no trono, independentemente de novos lançamentos:

> *Embora a produção autoral do artista venha se tornando cada vez mais espaçada, o Rei ainda exerce poder junto ao público feminino brasileiro, como comprovam os shows sempre lotados do cantor e essa gravação de "Sua estupidez". Para esse público, o EP "Roberto Carlos" conserva inalterada a realeza do artista nos últimos 50 anos. E é para esse público súdito que Roberto Carlos canta e grava discos com coerência estratégica ao longo de todos esses anos.*

Um dos últimos lançamentos do cantor também obteve destino semelhante. *Amor sin límite*, de 2018, foi uma produção voltada para o mercado hispânico, todo interpretado em espanhol, com poucas faixas inéditas e outras regravações de músicas do repertório de Roberto revestidas para o castelhano, como *Comandante do seu coração* (que virou *Comandante de tu corazón*), *Quando digo que te amo* (rebatizada de *Cuando digo que te amo*) e, claro, *Amor sem limite*, que dá nome tanto ao disco de 2000 quanto ao de 2018 na versão hispânica.

Em entrevista a este livro, o próprio Mauro Ferreira se espantou ao descobrir que ele fora um dos únicos jornalistas a resenhar o novo lançamento do Rei, que passou praticamente despercebido nos grandes veículos. Um dos motivos óbvios é porque Roberto diminuiu a produção de material inédito. Mas também é fato que a crítica especializada vem perdendo espaço nos grandes veículos.

Esse fenômeno foi destacado no já mencionado artigo "Bossa Nova como régua e compasso: apontamentos sobre a crítica musical no Brasil", em que o autor Marildo Nercolini apresenta a seguinte ideia: "No exíguo espaço que o crítico musical tem ocupado nos grandes jornais e revistas impressos hoje, o que se tem observado é que muitos se transformaram em simples 'guias de consumo', indicando o que se deve ou não comprar, reproduzindo releases já prontos, participando e reproduzindo entrevistas coletivas previamente agendadas". Nercolini cita também o crescimento de espaços alternativos para a produção da crítica musical, como blogs, revistas eletrônicas e sites especializados, nos quais as narrativas se distanciam dos "velhos padrões da crítica". No fundo, o ofício do crítico já não tem tanto peso quanto na época em que Roberto estava em seu momento mais criativo.

De toda forma, ao se analisar os mais de 60 anos da carreira de Roberto Carlos, é possível perceber como a imprensa especializada, apesar de sua importância para a memória musical do país, está imersa em uma série de complexidades que vai além de uma análise puramente técnica. Os textos aqui reproduzidos revelam mais do que questões ligadas à obra do cantor e compositor. Apontam também para disputas e discussões próprias da indústria da arte, como a legitimação das diferenças sociais através do consumo cultural, a distinção entre uma alta e uma baixa cultura e a hierarquização dos gostos a partir da preferência musical de determinadas pessoas.

Muito mais do que um cantor que teve uma relação conturbada com a crítica, é inegável a permanente relevância de Roberto Carlos na música brasileira e sua vocação como símbolo da cultura popular. Desde que despontou para o sucesso nos anos 1960, ele manteve seu êxito comercial relativamente estável ao longo dos anos, enquanto alternou momentos de maior ou menor prestígio.

Durante este tempo vem despertando opiniões apaixonadas a seu respeito, de forma negativa ou positiva, tanto pelos apreciadores da música brasileira quanto pela imprensa. E até hoje desfruta de um enorme sucesso popular, com turnês grandiosas, além de um séquito incansável de novos e antigos fãs que contribuem decisivamente para Roberto continuar se destacando no imaginário coletivo e na memória musical do Brasil.

Uma das faixas mais conhecidas do histórico LP *Jovem Guarda*, que ajudou a catapultar Roberto Carlos para o sucesso nacional em 1965, é *Mexerico da Candinha*, parceria sua com Erasmo. A música faz referência a uma famosa coluna da *Revista do Rádio*, em que a personagem Candinha destilava comentários ferinos sobre a vida dos artistas da época. Sua pauta era pura fofoca: qual celebridade tinha ganhado alguns quilos, quem estava jantando com um novo namorado ou quais divas haviam sido punidas pela Rádio Nacional por mais um atraso.

Roberto Carlos e sua turma de roqueiros, no auge do estrelato no rádio e na TV, tornaram-se alvos da sarcástica colunista, que não poupava repreensões àquela onda da juventude transviada. A canção de Roberto e Erasmo é uma espécie de resposta às implicâncias de Candinha, mas na época serviu também de recado para quem não aprovava o som, a estética e o estilo da Jovem Guarda.

Olhando hoje, dá para traçar um paralelo lúdico entre a conflituosa relação de Roberto Carlos com a crítica musical e sua reação aos textos maliciosos da Candinha. Logo no início da letra, ele reclama de mais uma notinha desfavorável: "*A Candinha vive a falar de mim em tudo/ Diz que eu sou louco, esquisito e cabeludo/ E que eu não ligo para nada/ Que eu dirijo em disparada...*". Depois, Roberto complementa: "*E também a bota que ela acha extravagante/ Ela diz que eu falo gíria/ E que é preciso maneirar/ Mas a Candinha quer falar*". Assim como Candinha, nos anos 1960 a crítica também considerava Roberto um pouco esquisito, que precisava maneirar nas gírias e nas letras alienadas que não possuíam valor algum.

Em seguida, Roberto indica que a opinião da colunista não representava a maioria: "*A Candinha gosta de falar de toda gente/ Mas as garotas gostam de me ver bem diferente...*". Na mesma época em que Roberto era tachado pela crítica como uma moda passageira, ele conquistava também um público cada vez maior e começava a se consolidar como personagem importante da história da música brasileira. A opinião da crítica especializada, portanto, também não correspondia à visão de seus fãs.

Logo depois Roberto assume que sua relação com Candinha é mais dúbia do que parece: "*A Candinha fala mas no fundo me quer bem/ E eu não vou ligar pra mexerico de ninguém*". Da mesma maneira, a partir do fim dos anos 1960, a forma radical com que Roberto era rechaçado pela crítica musical também foi atenuada. Quando venceu o Festival de San Remo, passou de debiloide a grande compositor. Nos anos 1970, quando se consolidou como cantor romântico, já distante dos tempos da Jovem Guarda, viu sua carreira pender entre o bom e o mau gosto na visão da imprensa especializada. Era um reconhecido intérprete, com boas músicas, mas ainda pecava por se aproximar, eventualmente, de um tipo de representação popular mais associada ao brega, distante do requinte elitista da bossa nova e da MPB.

Enfim, na última estrofe da música a relação do jovem Roberto com a impagável cronista da *Revista do Rádio* ganha uma redenção: "*Mas a Candinha agora já está falando até demais/ Porém ela no fundo sabe que eu sou bom rapaz/ E sabe bem que esta onda é uma coisa natural/ E eu digo que viver assim é que é legal/ Sei que um dia a Candinha vai comigo concordar/ Mas sei que ainda vai falar*".

E não é que nos anos 1990 a crítica musical confessou que aquela onda da Jovem Guarda era não só uma "coisa natural", como um período de grande relevância e qualidade em sua obra? Anos depois, com *Esse cara sou eu*, a crítica também finalmente concordou com as palavras de Roberto e o saudou como um grande compositor da MPB, o Rei que merecia seu lugar no trono.

Diferentemente do que se passou com Candinha, a relação de Roberto com a imprensa especializada ainda não terminou. Há de se esperar que, assim como aconteceu entre colunista e celebridade, a crítica continue a falar do artista Roberto Carlos. De toda forma, sua música seguirá soando no tempo.

AGRADECIMENTOS

Ao Professor Marildo Nercolini, que me orientou durante a pesquisa na graduação de Estudos de Mídia. Às professoras Ana Enne e Mayka Castellano, que participaram da banca de defesa deste trabalho, antes mesmo de pensar em virar livro.

Ao pesquisador Paulo César de Araújo, pela generosidade com que me recebeu em sua casa para conversar sobre Roberto Carlos, e por ter escrito livros tão fundamentais para a memória musical brasileira.

À pesquisadora e colega Chris Fuscaldo, pela ajuda e incentivo para que eu ingressasse no mundo da pesquisa musical.

Ao Instituto Memória Musical Brasileira, referência fundamental para a pesquisa que deu origem a este livro.

Agradeço à minha mãe, Adriana, ao meu pai, Octavio, e ao meu irmão, Caio, por estarem sempre ao meu lado. A toda a minha família, minha inspiração e porto seguro desde sempre.

Às amigas Clara, Luísa e Manu, com quem posso sempre contar.

Por fim, agradeço também a todos os amigos e colegas que já me impediram de colocar Roberto Carlos para tocar nas festas. O ímpeto com que tentaram me censurar me fez ter a certeza de que estava no caminho certo.

BIBLIOGRAFIA

ARAÚJO, Paulo César de. *Roberto Carlos em detalhes*. São Paulo: Editora Planeta do Brasil, 2006.

ARAÚJO, Paulo César de. *Eu não sou cachorro, não: música popular cafona e ditadura militar.* Rio de Janeiro: Record, 2005.

ARAÚJO, Paulo César de. *O réu e o rei: minha história com Roberto Carlos, em detalhes.* São Paulo: Companhia das Letras, 2014.

BORNHEIM, Gerd. *As dimensões da crítica.* IN: MARTINS, Maria Helena (org.). *Rumos da crítica.* São Paulo: Editora Senac São Paulo: Itaú Cultural, 2007.

BOURDIEU, Pierre. *A distinção: crítica social do julgamento.* São Paulo: Edusp; Porto Alegre, RS: Zouk, 2007.

BOURDIEU, Pierre. *The forms of capital.* IN: Richardson, J. G. (ed.). *Handbook of Theory and research for the sociology of education.* Greenwood Press, Nova York: 1986, pp.241-258.

CAMPOS, Augusto de. *Balanço da bossa e outras bossas.* São Paulo: Editora Perspectiva S.A., 1974.

CALADO, Carlos. *Tropicália: a história de uma revolução musical.* São Paulo: Editora 34, 1997.

CARDOSO, Silvia Oliveira. *Música romântica, indústria fonográfica e crítica musical no Brasil dos anos 1970.* IN: FACINA, Adriana (org.). *Vou fazer você gostar de mim: debates sobre a mú-*

sica brega. Rio de Janeiro: Multifoco, 2011.

DUARTE, Pedro. *Tropicália ou Panis et circencis*. Rio de Janeiro: Cobogó, 2018.

EAGLETON, Terry. *A função da crítica*. São Paulo: Martins Fontes, 1991.

FACINA, Adriana. *Noutras palavras, sou muito romântico: mediações entre criação artística e indústria cultural em entrevistas com artistas populares*. IN: FACINA, Adriana (org.). *Vou fazer você gostar de mim: debates sobre a música brega*. Rio de Janeiro: Multifoco, 2011.

FRÓES, Marcelo. *Jovem Guarda: em ritmo de aventura*. São Paulo: Editora 34, 2000.

HORKHEIMER, Max; ADORNO, Theodor W. *A indústria cultural: o iluminismo como mistificação de massas*. pp. 169 a 214. IN: LIMA, Luiz Costa. *Teoria da cultura de massa*. São Paulo: Paz e Terra, 2002.

MATTOS, Adriana. *Jovem Guarda e a música brega: as brechas na indústria cultural*. IN: FACINA, Adriana (org.). *Vou fazer você gostar de mim: debates sobre a música brega*. Rio de Janeiro: Multifoco, 2011.

MARTÍN-BARBERO, Jesús. *Dos meios às mediações: comunicação, cultura e hegemonia*. Rio de Janeiro: Editora da UFRJ, 1997.

MEDAGLIA, Júlio. *Balanço da bossa nova*. IN: CAMPOS, Augusto de. *Balanço da bossa e outras bossas*. São Paulo: Editora Perspectiva S.A., 1974.

NAPOLITANO, Marcos. *Seguindo a canção: engajamento político e indústria cultural na MPB (1959-1969)*. São Paulo: Editora Annablume, 2001.

NOVAES, Adauto (org.). *Anos 70: Ainda sob a tempestade*. Rio de Janeiro: Aeroplano: Editora Senac Rio, 2005.

MELLO, Zuza Homem de. *Música com Z: artigos, reportagens e entrevistas (1957-2014)*. São Paulo: Editora 34, 2014.

MOTTA, Nelson. *Noites tropicais: solos, improvisos e memórias musicais*. Rio de Janeiro: Objetiva, 2009.

NERCOLINI, Marildo José. *Bossa Nova como régua e compasso: apontamentos sobre a crítica musical no Brasil*. IN: Revista Rumores, São Paulo, vol.1, n.9, 2011.

NERCOLINI, Marildo José. *A construção cultural pelas metáforas: a MPB e o Rock Nacional Argentino repensam as fronteiras globalizadas*. Rio de Janeiro: UFRJ, 2005 (tese de doutorado).

SANTIAGO, Silviano. *Democratização no Brasil – 1979-1981 (Cultura versus arte)*. IN: ANTELO, Raul; CAMARGO, Maria Lúcia de Barros; ANDRADE, Ana Luiza; ALMEIDA, Tereza Virgínia de (org.). *Declínio da arte – Ascensão da cultura*. Florianópolis: Abralic/Letras Contemporâneas, 1998.

SPATARO, Carolina. *"Esa canción cuenta mi historia de amor": mujeres, música romántica y procesamiento social de las emociones*. IN: ULHÔA, Martha Tupinambá de.; PEREIRA, Simone Luci (org.). *Canção romântica: intimidade, mediação e identidade na América Latina*. Rio de Janeiro: Folio Digital: Letra e Imagem, 2016.

SOUZA, Tárik de. *Revista da Música Popular: a bossa nova da imprensa musical*. IN: Coleção Revista da Música Popular. Rio de Janeiro: Funarte/Bem-Te-Vi, 2006.

TINHORÃO, José Ramos. *História social da música popular brasileira*. São Paulo: Editora 34, 2010.

ULHÔA, Martha Tupinambá. *Categorias de avaliação estética na MPB – Lidando com a recepção da música brasileira popular*. IN: IV Congresso Latinoamericano de la Associación Internacional para el Estudio de la Música Popular. Cidade do México, 2002.

ULHÔA, Martha Tupinambá. *Ele canta lindamente as dores e os amores: gestualidade musical nas canções de Roberto Carlos*. IN: ULHÔA, Martha Tupinambá de.; PEREIRA, Simone Luci (org.). *Canção romântica: intimidade, mediação e identidade na América Latina*. Rio de Janeiro: Folio Digital: Letra e Imagem, 2016.

VELOSO, Caetano. *Verdade tropical*. São Paulo: Companhia das Letras, 2008.

VICENTE, Eduardo; SOARES; Rosana de Lima. *A politização da crítica musical e o processo de legitimação da Música Popular no Brasil: o caso do Tropicalismo*. IN: XII Congreso de la Rama Latinoamericana de la IASPM-AL. Havana, 2016.

WISNIK, José Miguel. *O minuto e o milênio ou Por favor, professor, uma década de cada vez*. IN: ANOS 70. Rio de Janeiro, Europa Emp. Gráf. e Edit. Ltda., 1979.

Este livro utilizou a fonte Baskerville. A primeira edição foi impressa na gráfica Exklusiva, em papel Pólen Soft 80g, no outono de 2021, às vésperas de Roberto Carlos completar 80 anos.